HISTOIRE
DE LA
RÉPUBLIQUE FRANÇAISE
DEPUIS 1870 JUSQU'EN 1883

PAR

CANIS
ANCIEN AVOCAT A LA COUR D'APPEL DE PARIS

PARIS
AUGUSTE GHIO, ÉDITEUR
PALAIS-ROYAL, 1, 3, 5, 7, 11, GALERIE D'ORLÉANS

1884
Tous droits réservés.

HISTOIRE
DE LA
RÉPUBLIQUE FRANÇAISE
DEPUIS 1870 JUSQU'EN 1883

PARIS. — IMPRIMERIE G. ROUGIER ET Cⁱᵉ,
rue Cassette, 1.

HISTOIRE

DE LA

RÉPUBLIQUE FRANÇAISE

DEPUIS 1870 JUSQU'EN 1883

PAR

CANIS

Ancien avocat à la Cour d'appel de Paris.

PARIS

AUGUSTE GHIO, ÉDITEUR

PALAIS-ROYAL, 1, 3, 5, 7, 11, GALERIE D'ORLÉANS

1884

Tous droits réservés

SOMMAIRE

CHAPITRE PREMIER

Révolution en Espagne. — Isabelle de Bourbon. — Le maréchal Prim. — Les Cortès constituantes. — Prim à la recherche d'un roi. — Son insuccès. — Castro part pour Berlin. — Candidature du prince Hohenzollern. — Entrevue de M. Benedetti, ambassadeur de France à Berlin, avec M. de Bismarck. — Bataille de Sadowa. — Anéantissement de l'Autriche, victoire de la Prusse. — Confédération de l'Allemagne du Nord. — Projet d'annexion de la Belgique à la France. — Demande d'interpellation de M. Cochery sur la candidature Hohenzollern. — Déclaration du gouvernement. — Fureur patriotique en Allemagne. — Nombreuses démarches de M. Benedetti auprès du cabinet de Berlin. — Réponse évasive du roi Guillaume. — Préparatifs militaires en Prusse ; le roi refuse de recevoir M. Benedetti. — Exposé du gouvernement lu aux Chambres. — Le maréchal Lebœuf. — Déclaration de guerre à la Prusse. — Ouverture du Reichstag. — Situation politique des grandes puissances de l'Europe. — Rapports militaires du colonel Stoffel. — Faiblesse numérique de l'armée française. — Efforts des députés de l'opposition pour renverser l'Empire.

CHAPITRE II

Proclamation de l'empereur au peuple français. — Situation respective des armées françaises et allemandes au début des hostilités. — Victoire de Sarrebruck. — Défaite de Wissembourg. — Déroute de Wœrth. — Perte de la bataille de Forbach. — Fausse nouvelle répandue dans Paris. — Télégrammes de l'empereur. — Proclamation de l'impératrice régente. — Convocation du Sénat et du Corps législatif. — Les *irréconciliables*. — Attroupement autour du Palais-Bourbon. — Proposition de M. Jules Favre. — Chute du cabinet Émile Ollivier. — M. Thiers. — Nouveau ministère. — Le maréchal Lebœuf. — M. Blanqui. — Attaque du poste des sapeurs-pompiers de la Villette. — L'armée du Rhin. — L'empereur se rend au camp de Châlons. — Le maréchal de Mac-Mahon se dirige vers l'Est. — Arrivée de M. Rouher à Reims. — Déroute de Beaumont. — Combat de Bazeilles. — Anéantissement de l'armée de Châlons à Sedan; sa capitulation.

CHAPITRE III

Manœuvres des *irréconciliables*. — Déclaration du général de Palikao; son projet. — Propositions Thiers et Jules Favre. — Le Palais-Bourbon est envahi par la multitude. — Scènes de violence dans l'enceinte législative. — MM. Gambetta et Jules Favre se rendent à l'Hôtel de Ville. — La foule essaie de forcer les Tuileries. — L'impératrice se rend en Angleterre. — Constitution du gouvernement insurrectionnel. — Étrange circulaire de M. Jules Favre. — Délégation insurrectionnelle envoyée à Tours. — M. Thiers, son voyage en Europe. — La Prusse refuse de reconnaître le gouvernement du 4 Septembre. — Entrevue de M. Jules Favre et de M. de Bismarck, à Ferrières. — Trahison de M. Jules Favre. — Investissement de Paris par les Prussiens. — Déroute de Châtillon. — Combat de Villejuif. — Discours et proclamations. — M. Gambetta quitte Paris. — Engagements partiels à Bondy, Bagneux, Clamart et Châtillon. — Incendie du palais de Saint-Cloud. — Combat de la Malmaison. — Le journal de M. Félix Pyat, annonce la reddition de Metz. — Reprise et perte du Bourget. — La journée du 31 octobre et ses suites. — Un armistice est accordé par M. de Bismarck, mais refusé par le gouvernement insurrectionnel.

CHAPITRE IV

La délégation de Tours. — Formation du 15e corps. — Arrivée de M. Gambetta à Tours; il s'oppose aux élections et se nomme ministre de la guerre. — Dans une proclamation, il indique les moyens de vaincre les Prussiens. — Le 15e corps est battu à Arthenay. — Prise d'Orléans. — Destitution du général La Motterouge remplacé par le général d'Aurelle de Paladines. — Exécutions au camp de Salbris. — Lyon, Marseille, Toulouse. — Dépêche du général Trochu. — Le général d'Aurelle de Paladines à Blois. — Le général Uhrich. — Arrivée des fuyards de Wœrth et de Reischshoffen à Strasbourg. — Siège de cette ville. — Occupation de Strasbourg par les Prussiens. — Le maréchal Bazaine. — L'armée du Rhin essaie d'opérer sa jonction avec l'armée de Châlons. — Combat de Borny. — Bataille de Gravelotte. — Retour de l'armée du Rhin sous les murs de Metz. — Bataille de Saint-Privat. — Conseil de guerre à la ferme de Grimont. — Arrivée de M. Régnier à Metz, son entrevue avec le maréchal Bazaine. — Le général Boyer quitte Metz pour se rendre auprès de M. de Bismarck. — Les généraux de l'armée du Rhin se croient toujours liés par le serment qu'ils ont prêté à l'empereur. — Le général Boyer à Chislehurst auprès de l'impératrice. — Capitulation de l'armée du Rhin.

CHAPITRE V

Proclamation de M. Gambetta. — Démission du général Pourcet. — Bataille de Coulmiers. — Reprise d'Orléans. — Augmentation de l'effectif de l'armée de la Loire. — Défaite de Beaune-la-Rolande. — Dépêche du général Trochu annonçant *une grande sortie*. — Proclamation mensongère portant que l'armée de Paris s'est emparée d'Épinay-sur-Orge, près de Longjumeau. — Victoire de Villepion. — Déroute de Loigny. — Orléans retombe au pouvoir des Prussiens. — Anéantissement de la première armée de la Loire. — Formation de l'armée de l'Est et de la seconde armée de la Loire. — Bataille de Beaugency. — La seconde armée de la Loire se replie sur Vendôme; bataille du Mans. — Fuite des mobilisés bretons. — Destruction de la seconde armée de la Loire. — L'armée du Nord. — Défaite du général Farre à Villers-Bretonneux. — Les Prussiens occupent Rouen. — Le général Faidherbe; combats de Bapaume et de Saint-Quentin. — L'armée de l'Est commandée par le général Bourbaki. — Victoire de Villersexel. — Retraite de l'armée de l'Est sur Besançon puis sur Pontarlier. — Tentative de suicide du général Bourbaki; il est remplacé par le général Clinchant. — M. Jules Favre sacrifie l'armée de l'Est. — Les membres de la délégation à Bordeaux. — Les camps régionaux, le camp de Conlie.

— Dissolution des conseils généraux; suppression des journaux. — Expulsion du prince de Joinville. — MM. Laurier et de Germiny; l'emprunt Morgan. — La dévorante dictature de M. Gambetta et de ses auxiliaires prend fin par l'armistice.

CHAPITRE VI

Travaux préparatoires du général Trochu. — Division des troupes de la capitale en trois armées. — Proclamation du général Ducrot. — Champigny et Créteil, Epinay près de Saint-Denis. — Le général Ducrot donne le signal de la retraite. — Dépêche de M. Gambetta. — Le général Trochu prend, pour une *grande sortie*, le commandement suprême de l'armée. — Stains, Drancy, Neuilly-sur-Marne. — Nouvelle déroute. — Mort du général Blaise à la Ville-Evrard. — Ballons et pigeons voyageurs; viande de cheval et pain noir. — Bombardement des forts; évacuation du plateau d'Avron. — Massacre de Buzenval. — Affaire du 22 janvier, la place de l'Hôtel-de-Ville est couverte de cadavres. — Le gouvernement insurrectionnel se décide à conclure un armistice. — M. de Bismarck ne veut entrer en négociation qu'avec l'Empire. Effroi de M. Jules Favre.

CHAPITRE VII

Le roi de Prusse est proclamé empereur d'Allemagne. — Le palais de Versailles. — Prise de Rome. — La Russie dénonce le traité de Paris; congrès de Londres. — Entrevue de M. Jules Favre et de M. de Bismarck. — Le général de Beaufort d'Hautpoul. — L'armistice. — M. Gambetta veut continuer la guerre. — M. Jules Simon se rend à Bordeaux. — Protestation de M. de Bismarck au sujet des élections. — Paroles imprudentes de M. de Keller et de quelques-uns de ses collègues. — M. de Valon révèle à la tribune de l'Assemblée la trahison de M. Jules Favre. — Vote du traité des préliminaires de paix. — Article 2 de la convention d'armistice. L'Assemblée se déclare souveraine. — Les Allemands campent dans Paris. — Traité de paix définitif signé à Francfort. — Le pacte de Bordeaux.

CHAPITRE VIII

Situation de Paris après la conclusion de l'armistice. — Assassinat de M. Vincenzini aux cris de « Vive la République ». — M. de Moneys est jeté dans les flammes aux cris de « Vive l'empereur. » — La loi sur les *échéances*. — Cause de l'irritation des habitants de Paris. — La garde nationale transporte des canons sur la butte Montmartre. — Le général Lecomte est chargé de les enlever. — Les chevaux d'attelage sont vainement attendus. — La foule gravit les pentes qui conduisent au sommet de la butte; le général Lecomte est, par ses soldats, conduit rue des Rosiers. — Arrestation de M. Clément Thomas; sa mort. — Le général Lecomte est fusillé par ses soldats. — Les gardes nationaux protègent et font mettre en liberté des officiers faits prisonniers. — M. Thiers, ses ministres, ses fonctionnaires et ses généraux s'enfuient pleins d'épouvante dans la direction de Versailles. Manifestation du 22 mars. — Les députés de Paris, les maires, les adjoints et le comité central invitent les électeurs à nommer les membres de la Commune. — Les élections ont lieu le 26 mars. — Tentatives de soulèvement aussitôt réprimées à Lyon, à Saint-Etienne, à Marseille et dans d'autres villes. — L'armée de Versailles prend l'offensive, les gardes nationaux sont défaits. — Le mont Valérien, combat de Rueil. — Le général Flourens est fait prisonnier; le lieutenant de gendarmerie Desmarest lui fend la tête d'un coup de sabre. A Chatou et au Petit-Bicêtre, les gardes nationaux prisonniers sont criblés de balles. — Décret sur les otages. — Le Comité de salut public; désordre dans le gouvernement de la Commune. — Le capitaine du génie Rossel et M. Delescluze. — La Banque de France. — Le couvent de Picpus; les caveaux de l'église Saint-Laurent. — La maison de M. Thiers. — La colonne Vendôme. — Explosion de la cartoucherie de l'avenue Rapp. — M. Ducatel, terrassier au service de la Commune, introduit par la porte de Saint-Cloud les Versaillais dans Paris.

CHAPITRE IX.

Frayeur des habitants à la nouvelle de l'entrée des Versaillais dans Paris. — Les proclamations du Comité de salut public. — Les prisonniers sont fusillés à Auteuil et à Passy. — Au parc Monceau, le général Clinchant veut s'opposer aux exécutions; son impuissance. — L'église de Montrouge. — Prise de Montmartre; les volontaires exercent les plus horribles cruautés. — Le docteur Lecca est tué. — Exécutions à la mairie des Batignolles. — Affreux carnage dans l'église de la Madeleine. — La mairie Drouot; la rue des Rosiers. — Dispersion des membres de la Commune. — Incendie des monuments publics; Prieur de la Comble. — La Butte aux Cailles. — Mort du docteur Faneaux; la mairie du cinquième arrondissement; le Collège de France. — Mort de l'archevêque de Paris et de cinq otages. — MM. Chaudey et Raoul Rigault. — Fin tragique des dominicains d'Arcueil. — Mort de Delescluze. — M. Millière est arraché de sa demeure et fusillé. — La rue Haxo. — La prison de la Roquette et le cimetière du Père-Lachaise. — Les hommes à brassard. — Mort du docteur Tony Moilin au Luxembourg. — Le tribunal du Châtelet et le grand-juge M. Vabre. — La caserne Lobau et la Roquette. — M. Benjamin Raspail. — Circulaire de M. Jules Favre autrefois excitateur des prolétaires contre le gouvernement.

CHAPITRE X.

Discours de M. Thiers à l'Assemblée nationale. — Abrogation des lois d'exil. — Le général Trochu. — M. Ernest Picard. — Etablissement de nouveaux conseils de guerre; les cours d'assises; les tribunaux correctionnels. — La commission des grâces; les prisonniers sont dirigés sur Versailles; violences dont ils sont l'objet. — Fonctionnement de deux mitrailleuses. — M. Ulysse Parent. — Les pontons. — Plaidoirie de Me Dupont de Bussac. — Paroles du colonel Vautré. — Le commandant Gaveau, sa folie, sa mort. — M. Gaston Crémieux, son exécution. — M. Clément Laurier. — Le capitaine du génie Rossel, son jugement, sa mort. — Les deux substituts Campenon et Dubois. — Les poteaux de Satory. — Mort de Maroteau au bagne. — M. Guizot affirme le droit d'insurrection. — Les réfugiés de la Commune.

CHAPITRE XI

Paroles de M. Francisque Ordinaire à la tribune de l'Assemblée. — Discussion des impôts. — Violences exercées sur M. Rouher, son élection. — M. Thiers à la prison de Mazas. — Réorganisation de l'armée, loi du recrutement. — Pétitions tendant à la dissolution de l'Assemblée. — Expulsion du prince Napoléon. — M. Dufaure. — Les princes d'Orléans; restitution à eux faite d'une partie de leurs biens. — Mort de Napoléon III à Chislehurst; les principaux actes de sa vie. — Remplacement de M. Grévy par M. Buffet. — Discours de M. de Broglie. — M. Thiers a pour successeur le maréchal de Mac-Mahon. — Moyens mis en œuvre pour asservir la presse. — Construction d'une église du Sacré-Cœur sur la butte Montmartre. — Marie Alacoque. M. Languet, évêque de Soissons. — Le schah de Perse à Paris. — Entrevue du comte de Paris et du comte de Chambord. — Cessation de l'occupation étrangère. — Le Septennat. — Le maréchal Bazaine, son procès, sa translation à l'île Sainte-Marguerite, fin de sa captivité.

CHAPITRE XII

L'Académie française et M. Emile Ollivier. — Majorité du prince impérial, son discours. — Renversement du ministère. — M. de Bourgoing, sa profession de foi. — Production d'un document à l'Assemblée par M. Girerd. — Enquête judiciaire et administrative ouverte contre le comité de l'Appel au peuple. — Commission parlementaire. — Déposition de M. Léon Renault, préfet de police. — Vote de la Constitution. — Situation des créanciers de la Turquie. — Scrutin collectif et scrutin individuel. — Dissolution de l'Assemblée nationale. — Alphonse XII roi d'Espagne. — Rejet de l'amnistie. — Lettre de l'évêque de Nevers. — Mort de M. Thiers.

CHAPITRE XIII

Le *Bulletin des communes* et les 363. — Condamnation de M. Gambetta à 2.000 francs d'amende et à trois mois d'emprisonnement. — M. Albert Grévy. — Les tribunaux par ordre du ministère de la justice, condamnent des milliers de personnes. Les juges sont déclarés indignes et les condamnations par eux prononcées sont mises à néant par le pouvoir législatif. — Le traité de San-Stefano. — Démission du maréchal de Mac-Mahon. M. Jules Grévy, président de la République. — La grâce amnistiarde. — Rapport de M. Andrieux. — Réponse des proscrits. — Projet de résolution par M. Rameau contre les ministres du 16 mai et du 23 novembre. — Protestation des ministres. — Mort du prince Louis-Napoléon. — Retour des amnistiés. — Discours de M. Humbert. — Amnistie pleine et entière. — Discours pédantesque et extravagant de M. Cazot pour démontrer la légalité des décrets du 29 mars. — Indemnité accordée aux victimes du coup d'État 1851. — Langage tenu par M. Gambetta à ses électeurs de Belleville. — Le Bey de Tunis. — Ministère Gambetta. — Les Anglais occupent militairement l'Égypte. — Mort de M. Gambetta.

Paris. — Imprimerie C. ROUGIER et Cie, rue Cassette,

HISTOIRE
DE LA
RÉPUBLIQUE FRANÇAISE
DEPUIS 1870 JUSQU'EN 1883

CHAPITRE PREMIER

Révolution en Espagne. — Isabelle de Bourbon. — Le maréchal Prim. — Les Cortès constituantes. — Prim à la recherche d'un roi. — Son insuccès. — Castro part pour Berlin. — Candidature du prince Hohenzollern. — Entrevue de M. Benedetti, ambassadeur de France à Berlin, avec M. de Bismarck. — Bataille de Sadowa. — Anéantissement de l'Autriche, victoire de la Prusse. — Confédération de l'Allemagne du Nord. — Projet d'annexion de la Belgique à la France. — Demande d'interpellation de M. Cochery sur la candidature Hohenzollern. — Déclaration du gouvernement. — Fureur patriotique en Allemagne. — Nombreuses démarches de M. Benedetti auprès du cabinet de Berlin. — Réponse évasive du roi Guillaume. — Préparatifs militaires en Prusse ; le roi refuse de recevoir M. Benedetti. — Exposé du gouvernement lu aux Chambres. — Le maréchal Lebœuf. — Déclaration de guerre à la Prusse. — Ouverture du Reichstag. — Situation politique des grandes puissances de l'Europe. — Rapports militaires du colonel Stoffel. — Faiblesse numérique de l'armée française. — Efforts des députés de l'opposition pour renverser l'Empire.

En 1868, la reine Isabelle de Bourbon avait été chassée d'Espagne par une révolution et forcée d'aller chercher en exil un abri contre les haines qui la poursuivaient. Un des chefs de l'insurrection victorieuse, le maréchal Prim, vétéran des guerres civiles, dont la vie aventureuse s'était écoulée au milieu des intrigues et des complots, croyant tout possible à son audace, convoitait l'héritage du trône vacant. Mais ses adversaires politiques, opposant des obstacles insurmontables aux vœux formés par son ambition, il dut renoncer à l'espérance de se voir investi de la puissance suprême. Il constitua un gouvernement provisoire dont Serrano fut nommé président, et s'attribua à lui-même le ministère de la guerre, qu'il regardait non sans raison comme le plus important dans un pays où l'armée fait les révolutions et opère les mutations politiques.

Dans les conseils du gouvernement, il déclara, à plusieurs reprises, que le salut de la nation espagnole ne pouvait se trouver que dans la monarchie constitutionnelle. Les Cortès constituantes qui se réunirent au mois de février 1869 le maintinrent au poste de ministre de la guerre. Ce fut alors qu'il essaya, mais bien en vain, de réorganiser l'armée que lui-même avait tant contribué à affaiblir et à démoraliser, soit en lui soufflant la révolte, soit en lui communiquant ses fureurs, soit en lui inspirant la haine féroce qu'il portait au pouvoir tant qu'il en avait été exclu. Pour cet homme, la terreur était un moyen de gouvernement. Ceux que, au nom de la liberté, il avait soulevés et fait monter à l'assaut de la monarchie, il les fit alors impitoyablement massacrer sous prétexte de rétablir l'ordre. Pour pacifier les partis en lutte, soustraire les vaincus à de meurtrières représailles, arrêter le cours d'inexorables vengeances, les Cortès décrétèrent le rétablissement de la royauté. C'est à Prim que fut dévolue la mission de chercher un roi dans les différentes cours de l'Europe. Il s'adressa successivement à l'Italie, au Portugal, à des princes dépossédés; partout ses offres ne trouvèrent que d'humiliants refus.

Après ces échecs successifs, les Cortès crurent que le moment était venu de fortifier le pouvoir; le 15 juin 1869 elles élevèrent Serrano à la dignité de régent du royaume, et nommèrent le ministre de la guerre Prim, président du conseil. Vers cette époque, le gouvernement prussien fit savoir à Prim, découragé par son insuccès dans la recherche d'un roi, qu'une candidature à la couronne d'Espagne venait de se produire. Aussitôt Prim fit partir pour Berlin son confident Castro, homme sûr, actif, jouissant d'une grande réputation d'habileté comme négociateur. Peu de jours après, le gouvernement espagnol apprenait que le prince Hohenzollern consentait à occuper le trône qui lui était offert.

L'ambassadeur français à Berlin, M. Benedetti, informé qu'un prince de la maison royale de Prusse dont la sœur avait épousé le roi de Portugal, ne témoignait aucune répugnance à ceindre son front de la couronne d'Espagne, eut à ce sujet une entrevue avec M. de Bismarck qui lui assura que les bruits courant sur la candidature Hohenzollern n'avait rien de sérieux. A dater de ce moment, les craintes que l'acceptation du prince avait inspirées au gouvernement français, se dissipèrent. Mais le 3 juillet 1870, au moment où le Corps législatif aborde la discussion du budget, un télégramme daté de Madrid annonce que le prince Hohenzollern est prêt à prendre possession de la royauté. En effet, dans la soirée du 2 juillet, Prim avait fait savoir à M. Mercier, notre ambassadeur à Madrid, que la Prusse, dans le dessein de répondre au vœu de la nation espagnole, était sur le point de lui donner un roi.

La négociation si habilement conduite par Prim reçoit l'approbation du gouvernement espagnol qui fixe, pour le 20 du mois, la convocation des Cortès bien disposées à donner un vote approbatif au rétablissement de la monarchie.

On se rappelle que, le 3 juillet 1866, eut lieu dans la Bohême septentrionale, à Sadowa, le choc sanglant des deux grandes puissances de l'Allemagne : l'Autriche et la Prusse. Le motif apparent de cette guerre, on le sait, furent les dépouilles des duchés de Schleswig et de Holstein, enlevés au Danemark par ces deux puissances. Mais la cause véritable fut la prépondérance en Allemagne que se disputaient et la Prusse et l'Autriche. A qui devait profiter l'unité germanique depuis si longtemps poursuivie? Le sort des armes allait en décider.

Les deux armées se rencontrèrent à Sadowa, et l'Autriche, laissant quarante mille des siens sur le champ de bataille, demeura frappée de stupeur, en présence de l'immensité de ce désastre : elle perdait la Vénétie.

L'armée prussienne fut victorieuse moins par l'emploi des fusils à aiguille dont elle faisait usage pour la première fois que par sa savante organisation, la rapidité de sa mobilisation, et les profondes combinaisons de ses généraux.

Par leur éclat comme par leur grandeur, les triomphes de la Prusse émurent douloureusement l'opinion de l'Europe, causèrent la plus vive inquiétude aux divers gouvernements et permirent à M. de Bismarck de former la confédération de l'Allemagne du Nord.

A la suite de l'agrandissement de la Prusse, le gouvernement français crut qu'un plus long désintéressement de sa part serait fatal à la patrie, et que le moment était venu de chercher dans un accroissement de territoire le gage de sa sûreté future et le rétablissement de l'équilibre européen qui lui paraissait gravement menacé. Dans ce but, des propositions furent échangées entre M. de Bismarck et notre ambassadeur à Berlin, M. Benedetti. Ce dernier, se conformant aux ordres qu'il avait reçus du cabinet des Tuileries, essaya d'amener le gouvernement prussien à contribuer à l'annexion de la Belgique à la France. Il en obtint des promesses qui jamais ne se réalisèrent. Malheureuse tentative dont le résultat fut de seconder merveilleusement les vues de M. de Bismarck qui, révélant ce projet au moment de la déclaration de guerre en 1870, souleva contre nous, non seulement les colères du peuple belge, mais encore les haines de l'Europe entière, et dès ce jour, nous perdîmes jusqu'à l'espérance de trouver un seul allié.

M. Benedetti, dont le rôle, en cette circonstance, a été d'ailleurs diversement apprécié, n'avait agi, disait-on, qu'en prenant conseil de ses propres inspirations. Rien de plus contraire à la vérité. Dans le projet de traité qui fut soumis à M. de Bismarck, il y avait des notes marginales écrites de la main de l'empereur.

Pour faire naître l'occasion d'un conflit si ardemment désiré, le gouvernement prussien mit en avant la candidature du prince de Hohenzollern au trône d'Espagne. A cette nouvelle, les esprits s'émeuvent, l'opinion se soulève contre les prétentions de l'Allemagne qui veut, dans la personne du prince, établir sa puissance en Espagne et suspendre une menace permanente d'invasion sur toute la partie méridionale de la France.

Dans la séance du 5 juillet 1870, M. Cochery, député du Loiret et membre du centre gauche, se faisant l'interprète du sentiment national, déposa sur le bureau de la Chambre une demande d'interpellation sur la candidature Hohenzollern. Le lendemain, M. de Gramont, ministre des affaires étrangères, donnait lecture à la Chambre de la déclaration suivante, qui avait été délibérée en conseil des ministres. « Il
« est vrai que le maréchal Prim a offert au
« prince de Hohenzollern la couronne d'Es-
« pagne et que ce dernier l'a acceptée. Mais le
« peuple espagnol ne s'est point encore pro-
« noncé, et nous ne connaissons point encore
« les détails vrais d'une négociation qui nous a
« été cachée. Aussi, une discussion ne saurait-
« elle aboutir maintenant à aucun résultat pra-
« tique. Nous vous prions, messieurs, de l'ajour-
« ner.

« Nous n'avons cessé de témoigner nos sym-
« pathies à la nation espagnole, et d'éviter tout
« ce qui aurait pu avoir les apparences d'une

« immixtion quelconque dans les affaires inté-
« rieures d'une noble et grande nation, en plein
« exercice de sa souveraineté; nous ne sommes
« pas sortis, à l'égard des divers prétendants
« au trône, de la plus stricte neutralité, et nous
« n'avons jamais témoigné pour aucun d'eux,
« ni préférence, ni éloignement.

« Nous persisterons dans cette conduite, mais
« nous ne croyons pas que le respect des droits
« d'un peuple voisin nous oblige à souffrir
« qu'une puissance étrangère, en plaçant un
« de ses princes sur le trône de Charles-Quint,
« puisse déranger à notre détriment l'équilibre
« des forces en Europe et mettre en péril les
« intérêts et l'honneur de la France.

« Cette éventualité, nous en avons le ferme
« espoir, ne se réalisera pas. Pour l'empêcher,
« nous comptons à la fois sur la sagesse du
« peuple allemand et sur l'amitié du peuple es-
« pagnol.

« S'il en était autrement, forts de votre appui,
« messieurs, et de celui de la nation, nous sau-
« rions remplir notre devoir sans hésitation et
« sans faiblesse. »

Le texte de cette déclaration fournit un nouvel aliment aux passions germaniques, déjà fortement surexcitées. A Berlin, le peuple s'assemble en tumulte sur les places publiques où des agitateurs forcenés allant de groupe en groupe animent les esprits contre la France, en réveillant les vieilles haines de l'Allemagne. Demandant au passé des excitations pour le présent, ils s'écrient : « Ils vont enfin se lever les « vengeurs de ceux qui ont succombé glorieu- « sement sur le champ de bataille d'Iéna. » De tous côtés déjà, des mouvements de troupes et le bruit des armes. Partout des hymnes guerriers enflamment les courages. La Prusse, rayonnante encore de la gloire de Sadowa, veut se mesurer avec la France. La guerre, voilà son but.

M. Benedetti, ne perdant pas encore tout espoir d'accommodement, se rend en toute hâte à Ems, où se trouvait le roi Guillaume. Dans un langage mesuré, mais ferme, il fait les plus louables efforts pour que le roi donne au prince de Hohenzollern l'ordre de renoncer à la couronne d'Espagne. Il n'en peut obtenir que ces paroles : « Comme roi, dit-il, je n'ai point à intervenir dans cette affaire; mais comme chef de famille, je n'empêcherai point le prince de se désister de son acceptation. »

Peu satisfait de cette réponse, le gouvernement français ordonne à M. Benedetti de redoubler ses instances auprès du roi. Celui-ci, mis dans l'obligation de se prononcer, dit que le prince se trouvait du côté des Alpes, qu'il ne pouvait donc momentanément avoir de commu-

1.

nications avec lui, le lieu de son séjour lui étant inconnu, mais qu'il allait sérieusement s'occuper de l'affaire en question.

C'est à l'aide de ces moyens dilatoires, que le roi de Prusse refusait de donner à cette affaire, cause de si vives alarmes, une solution définitive.

Pendant ce temps, utilisé d'une manière précieuse par le ministre de la guerre à Berlin, on mobilisait les troupes, on appelait les réserves, en un mot, on se préparait avec un soin vigilant à lancer les Allemands sur nos frontières.

Le 12 juillet, l'ambassadeur d'Espagne à Paris, après avoir reçu un télégramme du prince de Hohenzollern père, l'informant du désistement de son fils, se rend sans retard au ministère des affaires étrangères pour communiquer cette heureuse nouvelle qui, selon toute apparence, doit faire cesser la cause du conflit.

Immédiatement, M. de Gramont, ministre des affaires étrangères, charge M. Benedetti de représenter au roi de Prusse que le prince de Hohenzollern n'a pris aucun engagement, que c'est par son père seul, agissant au nom de son fils, que son désistement a été annoncé, qu'il est dans l'intérêt commun et de la France et de la Prusse de faire que le prince n'accepte pas plus tard la couronne d'Espagne, qu'en conséquence le roi Guillaume doit prendre l'engagement de s'opposer à ce que le prince revienne un jour sur la parole donnée.

Sur ces entrefaites, le ministre des affaires étrangères était assailli de nombreuses interpellations qui toutes avaient pour but de demander au gouvernement quelles étaient les garanties stipulées pour empêcher le retour de complications successives avec la Prusse.

M. de Gramont promit de répondre aux interpellations dans la séance du 15, alors que M. Benedetti aurait fait connaître le résultat de ses négociations avec le roi de Prusse.

Un député, M. de Kératry, que, pour le récompenser de son zèle en cette occasion, les hommes du 4 Septembre investirent des fonctions lucratives de préfet de police, voulant obliger le ministre à répondre aux interpellations avant le 15, s'écriait : « Je déclare que si vous renvoyez « les interpellations à après-demain, vous faites « absolument le jeu de la Prusse, le jeu de « M. de Bismarck, et, en ma qualité de Fran- « çais, je proteste contre cette conduite. »

Le 13, à Ems, le roi avait répondu à M. Benedetti qu'il se réservait, quant à l'avenir, d'agir suivant les circonstances. En d'autres termes, il se proposait de faire revivre la candidature Hohenzollern quand bon lui semblerait. Par cette décision, le roi de Prusse, mettant le gouvernement français dans la douloureuse nécessité de déclarer la guerre, fit, par un aide de camp, savoir à M. Benedetti qu'il ne le recevrait plus.

M. de Bismark, qui était alors à Berlin, reçoit de Ems un télégramme lui annonçant que non seulement le roi a refusé de s'opposer à l'acceptation future du prince, mais qu'encore il a fermé les portes de son palais à notre ambassadeur.

Par la voie des journaux dont le tirage est augmenté pour la circonstance, par de nombreuses dépêches adressées aux chancelleries, l'Europe entière apprend que la France vient d'être humiliée dans la personne de son représentant.

Grâce aux menées de la diplomatie prussienne, il n'y avait plus place pour la conciliation. Il ne restait au gouvernement français qu'à faire appel aux armes. Les hommes d'État de la Prusse venaient d'atteindre le double but par eux poursuivi avec tant de constance : rendre la guerre inévitable et obliger la France à la déclarer; c'est-à-dire lui imposer le rôle le plus odieux, celui d'agresseur.

Dans la matinée du 15 juillet, le conseil des ministres sous la présidence de l'empereur, décide qu'un exposé complet des négociations entamées et suivies depuis l'origine du conflit jusqu'à ce jour sera simultanément lu au Sénat par M. de Gramont et au Corps législatif par M. Émile Ollivier.

Voici le texte de cet important document que je ne saurais trop recommander à l'attention du lecteur :

« La manière dont le pays a accueilli notre
« déclaration du 6 juillet nous ayant donné la
« certitude que vous approuviez notre politique
« et que nous pouvions compter sur votre ap-
« pui, nous avons aussitôt commencé des né-
« gociations avec les puissances étrangères
« afin d'obtenir leurs bons offices auprès de la
« Prusse pour qu'elle reconnût la légitimité de
« nos griefs.

« Dans ces négociations, nous n'avons rien
« demandé à l'Espagne dont nous ne voulions
« ni éveiller les susceptibilités ni froisser l'in-
« dépendance ; nous n'avons pas agi auprès du
« prince de Hohenzollern, que nous considé-
« rions comme couvert par le roi ; nous avons
« également refusé de mêler à notre discussion
« aucune récrimination ou de la faire sortir de
« l'objet même dans lequel nous l'avions ren-
« fermée dès le début.

« La plupart des puissances ont été pleines
« d'empressement à nous répondre et elles ont,
« avec plus ou moins de chaleur, admis la jus-
« tice de nos réclamations.

« Le ministère des affaires étrangères prussien nous a opposé une fin de non-recevoir en prétendant qu'il ignorait l'affaire et que le cabinet de Berlin y était resté étranger.

« Nous avons dû alors nous adresser au roi lui-même, et nous avons donné à notre ambassadeur l'ordre de se rendre à Ems auprès de Sa Majesté. Tout en reconnaissant qu'il avait autorisé le prince de Hohenzollern à accepter la candidature qui lui avait été offerte, le roi de Prusse a soutenu qu'il était resté étranger aux négociations poursuivies entre le gouvernement espagnol et le prince de Hohenzollern; qu'il n'y était intervenu que comme chef de famille et nullement comme souverain, et qu'il n'avait ni réuni, ni consulté le conseil des ministres. Sa Majesté a reconnu cependant qu'elle avait informé le comte de Bismark de ces divers incidents.

« Nous ne pouvions considérer ces réponses comme satisfaisantes, nous n'avons pu admettre cette distinction subtile entre le souverain et le chef de famille, et nous avons insisté pour que le roi conseillât et imposât, au besoin, au prince Léopold une renonciation à sa candidature.

« Pendant que nous discutions avec la Prusse, le désistement du prince Léopold nous vint du côté d'où nous ne l'attendions pas, et nous

« fut remis le 12 juillet par l'ambassadeur d'Es-
« pagne.
 « Le roi ayant voulu y rester étranger, nous
« lui demandâmes de s'y associer et de déclarer
« que si, par un de ses revirements toujours
« possibles dans un pays sortant d'une révolu-
« tion, la couronne était de nouveau offerte
« par l'Espagne au prince Léopold, il ne l'au-
« toriserait plus à l'accepter, afin que le débat
« pût être considéré comme définitivement clos.
 « Notre demande était modérée, les termes
« dans lesquels nous l'exprimions ne l'étaient
« pas moins. Dites bien au roi, écrivions-nous
« au comte Benedetti, le 12 juillet, à minuit, dites
« bien au roi que nous ne cherchons pas un pré-
« texte de guerre et que nous ne demandons
« qu'à résoudre honorablement une difficulté
« que nous n'avons pas créée nous-mêmes.
 « Le roi consentit à approuver la renoncia-
« tion du prince Léopold, mais il refusa de dé-
« clarer qu'il n'autoriserait pas à l'avenir le
« renouvellement de cette candidature.
 « J'ai demandé au roi, nous écrivait M. Be-
« nedetti, le 13 juillet à minuit, de vouloir me
« permettre de vous annoncer en son nom, que
« si le prince de Hohenzollern revenait à son
« projet, Sa Majesté interposerait son autorité
« et y mettrait obstacle. Le roi a absolument
« refusé de m'autoriser à vous transmettre une

« semblable déclaration. J'ai vivement insisté,
« mais sans réussir à modifier les résolutions
« de Sa Majesté. Le roi a terminé notre entre-
« tien en me disant qu'il ne pouvait, ni ne vou-
« lait prendre un pareil engagement et qu'il
« devait pour cette éventualité, comme pour
« toute autre, se réserver la faculté de consulter
« les circonstances.

« Quoique ce refus nous parût injustifiable,
« notre désir de conserver à l'Europe les bien-
« faits de la paix était tel que nous ne rompî-
« mes pas les négociations et que, malgré
« votre impatience légitime, craignant qu'une
« discussion ne les entravât, nous vous avons
« demandé d'ajourner nos explications jusqu'à
« aujourd'hui.

« Aussi notre surprise a-t-elle été profonde,
« lorsque, hier, nous avons appris que le roi de
« Prusse avait notifié par un aide de camp à
« notre ambassadeur qu'il ne le recevrait plus,
« et que pour donner à ce refus un caractère
« non équivoque, son gouvernement l'avait
« communiqué officiellement aux cabinets de
« l'Europe.

« Nous apprenions en même temps que M. le
« baron de Werther (ambassadeur de Prusse à
« Paris) avait reçu l'ordre de prendre un congé
« et que des armements s'opéraient en Prusse.

« Dans ces circonstances, tenter davantage

« pour la conciliation eût été un oubli de di-
« gnité et une imprudence. Nous n'avons rien
« négligé pour éviter la guerre. Nous allons
« nous préparer à soutenir celle qu'on nous
« offre, en laissant à chacun la part de respon-
« sabilité qui lui revient.

« Dès hier nous avons appelé nos réserves et
« avec votre concours, nous allons prendre les
« mesures nécessaires pour sauvegarder les in-
« térêts, la sécurité et l'honneur de la France. »

Après la lecture de cet exposé, indiquant avec précision les différentes phases de l'affaire Hohenzollern, M. Emile Ollivier demanda l'urgence pour un projet de loi tendant à accorder un supplément de crédit à l'administration de la guerre. D'autres projets destinés à compléter celui-ci furent également présentés au nom du gouvernement.

Quoique partisan de la guerre, M. Thiers dit que le gouvernement ne devait pas encore la déclarer, qu'il fallait attendre : « Vous choisis-
« sez mal, dit-il, l'occasion de la réparation que
« vous désirez et que *je désire comme vous*.
« Sans aucun doute la Prusse s'est mise gra-
« vement dans son tort, très gravement. Depuis
« longtemps, en effet, elle nous disait qu'elle
« ne s'occupait que des affaires de l'Allemagne,
« de la destinée de la patrie allemande, et nous
« l'avons trouvée tout à coup sur les Pyrénées,

« préparant une candidature que la France de-
« vait ou pouvait regarder comme une offense
« à sa dignité et une entreprise contre ses in-
« térêts. »

M. Thiers demande communication des dépêches qui ont été échangées entre les deux
gouvernements. M. Jules Favre appuie cette
motion que la Chambre repousse. Néanmoins
ces dépêches furent soumises à la commission
nommée pour examiner le projet de loi présenté
le matin par le gouvernement.

Après avoir pris connaissance des pièces diplomatiques demandées par MM. Thiers et Jules
Favre, la commission entendit successivement
MM. Émile Ollivier, garde des sceaux, de Gramont, ministre des affaires étrangères, et le
maréchal Lebœuf, ministre de la guerre.

Le maréchal Lebœuf affirma que la déclaration de guerre ne le prenait pas au dépourvu;
que l'armée, objet de sa constante sollicitude,
était prête à entrer en campagne. Il s'étendit
avec complaisance sur l'effectif de la troupe de
ligne, sur le bon état de la cavalerie et de l'artillerie. Nous sommes, dit-il, en mesure de
faire la guerre, dût-elle durer deux ans.

Confiants dans les paroles pleines d'assurance du maréchal Lebœuf, satisfaits des explications fournies par les ministres, les membres
de la commission donnèrent leur approbation

aux projets du gouvernement. La Chambre vota
d'acclamation les conclusions du rapporteur,
M. de Talhouët, et la séance fut levée à minuit.

Le lendemain, le Sénat, à l'unanimité, donnait la sanction de son vote aux projets de lois
que la Chambre avait adoptés.

Le 19 juillet, la note ci-dessous était remise
au gouvernement prussien par M. Lesourd, notre chargé d'affaires à Berlin.

« Le soussigné, chargé d'affaires de France,
« se conformant aux ordres de son gouverne-
« ment, a l'honneur de porter la communica-
« tion suivante à la connaissance de M. le mi-
« nistre des affaires étrangères de Sa Majesté
« le roi de Prusse :

« Le gouvernement de Sa Majesté l'empe-
« reur des Français, ne pouvant considérer le
« plan d'élever sur le trône d'Espagne, un
« prince prussien que comme une entreprise
« dirigée contre la sûreté territoriale de la
« France, s'est vu placé dans la nécessité de
« demander à Sa Majesté le roi de Prusse l'as-
« surance qu'une pareille combinaison ne pour-
« rait se réaliser de son consentement.

« Comme Sa Majesté le roi de Prusse a re-
« fusé de donner cette assurance, et que, au
« contraire, il a déclaré à l'ambassadeur de Sa
« Majesté l'empereur des Français, que, pour
« cette éventualité comme pour toute autre, il

« entendait se réserver la possibilité de con-
« sulter les circonstances, le gouvernement im-
« périal a dû voir dans cette déclaration du roi
« une arrière-pensée menaçant la France ainsi
« que l'équilibre européen. Cette déclaration
« s'est aggravée encore par la notification faite
« aux cabinets du refus de recevoir l'ambassa-
« deur de l'empereur et d'entrer avec lui dans
« de nouvelles explications.

« En conséquence, le gouvernement français
« a jugé qu'il avait le devoir de pourvoir sans
« retard à la défense de sa dignité et de ses in-
« térêts lésés; et, décidé à prendre dans ce but
« toutes les mesures commandées par la situa-
« tion qui lui est créée, il se considère, dès à
« présent, comme en état de guerre avec la
« Prusse. »

Le jour même où le gouvernement français notifiait cette déclaration de guerre à la Prusse, le roi Guillaume ouvrait le Reichstag de la confédération de l'Allemagne du Nord. « Nous appuyant, dit-il, sur la volonté unanime des gouvernements allemands du Sud comme du Nord, nous nous adressons au patriotisme et au dévouement du peuple allemand, pour l'appeler à la défense de son honneur et de son indépendance. »

Après les bouleversements de la conquête sous Napoléon Ier, les divers États de l'Allemagne avaient formé une vaste confédération qui tendait à se dissoudre par suite de la funeste rivalité de la Prusse et de l'Autriche.

D'ailleurs, le Piémont absorbant les États indépendants de l'Italie pour opérer son unité, donna en quelque sorte le signal de l'unification de l'Allemagne. En 1866, nous l'avons vu dans ce chapitre, la Prusse, saisissant le prétexte que faisait naître l'administration des duchés (Schleswig-Holstein) se jette sur l'Autriche. Celle-ci, après son écrasement à Sadowa, est exclue de l'Allemagne, et la Prusse victorieuse soumet à sa puissance les États du Nord.

Au premier bruit de guerre, avant même qu'on ait fait appel à leur concours, les gouvernements de l'Allemagne du Sud, se conformant aux traités d'alliance conclus avec la Prusse, mobilisent leurs armées pour qu'elles prennent part aux luttes sanglantes de la France et de l'Allemagne.

Depuis longtemps, seuls en Europe, les Allemands avaient adopté le système du service obligatoire. Une discipline sévère, un armement perfectionné, un nombre infini de soldats, une tactique qui consiste à porter de grandes masses sur un seul point comme l'avaient fait le Comité de salut public refoulant les soldats de l'Europe au delà de nos frontières, puis

Napoléon étonnant le monde par la rapidité de ses victoires, avaient fait de la Prusse le plus puissant État de l'Europe. La Russie inclinant de plus en plus vers les rives du Bosphore en même temps qu'elle s'avance vers la partie centrale de l'Asie, était, par un traité secret, liée à la Prusse qui la laissait libre de se mouvoir dans le cercle de ses entreprises. L'Angleterre, dont la jalousie séculaire avait été surexcitée par la révélation du projet d'annexion de la Belgique, ne s'était engagée à prendre les armes que pour nous combattre.

Dans la crainte que la France victorieuse ne mît son projet à exécution, la Belgique concentrant son armée sur Anvers, comptait sur les secours que lui avait promis l'Angleterre, si son territoire était menacé.

Depuis l'immense désastre de Sadowa, l'Autriche, tout entière au soin de reconstituer ses forces militaires, fut contrainte, malgré les témoignages de sympathie qu'elle nous donna, de rester dans l'inaction. D'ailleurs l'agitation de la Hongrie ne laissait pas que de lui causer de l'inquiétude. L'occupation prolongée de Rome par des troupes françaises pour maintenir le pouvoir temporel du pape avait indisposé l'Italie, qui espérait voir ses soldats camper sur les rives du Tibre alors que l'Europe retentirait du choc des batailles, et que le Vatican n'aurait d'autres défenseurs que les troupes pontificales.

On le voit, la France, privée de toute alliance en Europe, ne pouvait compter que sur ses propres forces.

Attaché à l'ambassade de France à Berlin de 1866 à 1870, le colonel Stofel avait durant cette période adressé au cabinet des Tuileries de nombreux rapports concernant la Prusse. Dans ces documents, qui ont été livrés à la publicité après les désastreux événements de 1870-1871, on remarque la clairvoyance d'un homme qui, ému des dangers que courait sa patrie, faisait connaître avec une rigoureuse exactitude les forces de l'armée prussienne, ses armements formidables et sa puissante organisation ; dévoilait, avec une rare sagacité et une grande profondeur de vues, les projets ambitieux des hommes d'État de l'Allemagne et démontrait pleinement l'infériorité dans laquelle se trouverait la France appelée un jour à soutenir une guerre contre la Prusse. Plusieurs ont cru que le gouvernement impérial n'avait point suffisamment tenu compte de ces précieuses indications.

Au moment de l'incident Hohenzollern, l'effectif de l'armée française ne s'élevait qu'à environ trois cent mille hommes. La garde nationale mobile n'avait reçu qu'un commencement d'organisation. D'ailleurs, pouvait-il en être autrement? Les députés de l'opposition, qui plus tard furent les révolutionnaires du 4 Septembre, ne visant qu'à renverser l'Empire pour prendre sa place, dût la patrie s'abîmer dans les plus grands désastres, exigeaient la suppression des armées permanentes, cause de ruine, disaient-ils, pour la nation, et source de haine tant à l'intérieur qu'à l'extérieur. Par leurs efforts multipliés ils avaient réussi à faire voter par le Corps législatif une diminution du prochain contingent.

Parvenu à son but, l'un d'eux, nous le verrons dans le cours de cette histoire, a déclaré publiquement qu'en affaiblissant l'armée et en la *bafouant*, ils avaient puissamment contribué à nos revers.

CHAPITRE II

Proclamation de l'empereur au peuple français. — Situation respective des armées françaises et allemandes au début des hostilités. — Victoire de Sarrebruck. — Défaite de Wissembourg. — Déroute de Wœrth. — Perte de la bataille de Forbach. — Fausse nouvelle répandue dans Paris. — Télégrammes de l'empereur. — Proclamation de l'impératrice régente. — Convocation du Sénat et du Corps législatif. — Les *irréconciliables*. — Attroupement autour du Palais-Bourbon. — Proposition de M. Jules Favre. — Chute du cabinet Émile Ollivier. — M. Thiers. — Nouveau ministère. — Le maréchal Lebœuf. — M. Blanqui. — Attaque du poste des sapeurs-pompiers de la Villette. — L'armée du Rhin. — L'empereur se rend au camp de Châlons. — Le maréchal de Mac-Mahon se dirige vers l'Est. — Arrivée de M. Rouher à Reims. — Déroute de Beaumont. — Combat de Bazeilles. — Anéantissement de l'armée de Châlons à Sedan; sa capitulation.

Les sessions du Sénat et du Corps législatif furent closes par un décret de l'empereur en date du 23 juillet 1870. Accompagné du prince impérial, Napoléon III, allant prendre le commandement de l'armée, nomma régente l'impératrice Eugénie.

Avant de quitter le palais de Saint-Cloud pour se rendre à Metz, où était son quartier général, il adressa au peuple français la proclamation suivante : « Il y a dans la vie des peuples des moments solennels où l'honneur national, violemment excité, s'impose comme une force irrésistible, domine tous les intérêts, et prend seul en main la direction des destinés de la patrie. Une de ces heures décisives vient de sonner pour la France.

« La Prusse, à qui nous avons témoigné pendant et depuis la guerre de 1866 les dispositions les plus conciliantes, n'a tenu aucun compte de notre bon vouloir et de notre longanimité. Lancée dans une voie d'envahissement, elle a éveillé toutes les défiances, nécessité partout des armements exagérés, et fait de l'Europe un camp où règnent l'incertitude et la crainte du lendemain.

« Un dernier incident est venu révéler l'instabilité des rapports internationaux et montrer toute la gravité de la situation. En présence des nouvelles prétentions de la Prusse, nos réclamations se sont fait entendre. Elles ont été éludées et suivies de procédés dédaigneux. Notre pays en a ressenti une profonde irritation, et aussitôt un cri de guerre a retenti d'un bout de la France à l'autre. Il ne nous reste plus qu'à confier nos destinées au sort des armes.

« Nous ne faisons pas la guerre à l'Allemagne, dont nous respectons l'indépendance. Nous faisons des vœux pour que les peuples qui composent la grande nationalité germanique disposent librement de leurs destinées.

« Quant à nous, nous réclamons l'établissement d'un état de choses qui garantisse notre sécurité et assure l'avenir. Nous voulons conquérir une paix durable, basée sur les vrais intérêts des peuples, et faire cesser cet état précaire où toutes les nations emploient leurs ressources à s'armer les unes contre les autres.

« Le glorieux drapeau que nous déployons encore une fois devant ceux qui nous provoquent est le même qui porta à travers l'Europe les idées civilisatrices de notre grande Révolution. Il représente les mêmes principes; il inspirera les mêmes dévouements..... »

Au commencement des hostilités, l'armée française ne comptait pas plus de deux cent soixante mille hommes en état de marcher à l'ennemi. L'empereur désigna pour son chef d'état-major le maréchal Lebœuf, remplacé au ministère de la guerre par le général Dejean. L'armée, prenant le nom d'armée du Rhin, comprenait sept corps, plus la garde impériale formant un corps spécial.

Dès le 20 juillet, chacun de ces corps d'armée occupait les positions qui lui avaient été assignées.

Le 1er corps, commandé par le maréchal de Mac-Mahon, avait son quartier général à Strasbourg et s'étendait entre le Rhin et les Vosges jusqu'à Wissembourg.

Le 2ᵉ, sous les ordres du général Frossard, était campé à Forbach et à Spickeren.

Le 3ᵉ, ayant pour chef le maréchal Bazaine, se trouvait à Saint-Avold, où il fut rejoint par la garde impériale commandée par le général Bourbaki.

Le 4ᵉ, sous le commandement du général Ladmirault, occupait Thionville.

Le 5ᵉ, qui avait à sa tête le général de Failly, était à Bitche.

Le 6ᵉ, commandé par le maréchal Canrobert, stationnait à Châlons, formant la réserve.

Le 7ᵉ, sous le général Félix Douai, campait entre Strasbourg et Belfort.

L'armée ennemie comptait quatre cent cinquante mille hommes au début de la guerre, et par des renforts successifs, elle s'éleva à un million quatre cent trente mille combattants.

Toutes les forces militaires de l'Allemagne formaient trois armées placées sous le commandement du roi de Prusse, avec le général de Moltke pour chef d'état-major.

La 1ʳᵉ armée, sous les ordres du général Steinmetz, ayant à sa droite le territoire neutre du Luxembourg, s'avançait par Trèves et Sarrelouis.

La 2ᵉ, commandée par le prince Frédéric-Charles, par Mayence se dirigeait vers la Sarre.

La 3ᵉ, qui avait pour chef le prince royal de Prusse, ayant pour objectif l'Alsace, campait sur la rive droite du Rhin.

De plus une 4ᵉ armée, sous les ordres du duc de Mecklembourg, avait pour mission de s'opposer le long des côtes à toute tentative de débarquement. A cette époque, les Prussiens croyaient que notre flotte, s'armant à Cherbourg, allait, pour faire diversion, opérer dans la Baltique. Il n'en fut rien. L'inaction dans laquelle la flotte fut laissée permit à ce corps d'observation de rejoindre les troupes allemandes qui déjà s'étaient répandues dans nos départements de l'Est.

Le 30 juillet 1870, les armées ennemies n'étaient séparées que par la frontière; l'heure des combats allait sonner. Croyant que le moment d'agir avec vigueur était venu, Napoléon se résolut à prendre immédiatement l'offensive. Franchir la Sarre, s'emparer de Sarrebruck, petite ville de Prusse, tel est l'ordre qu'il donne ce jour-là même au général Frossard, commandant en chef du 2ᵉ corps.

Dans la matinée du 2 août, les hauteurs de la rive gauche de la Sarre sont occupées par les troupes du général; au même instant un mouvement a également lieu sur la rive opposée : les bataillons prussiens silencieusement se rangent en bataille.

Les préparatifs du combat sont terminés. Une vive anxiété est peinte sur le visage de nos soldats. Cependant leur contenance a quelque chose de ferme. Immobiles, recueillis, ils attendent le signal de l'attaque. Le soleil, plein d'éclat et de force à cette époque de l'année, fait étinceler les armes. La terre, revêtue de sa brillante parure, offre le beau spectacle d'une luxuriante végétation, et tout dans la nature respire le calme et la paix.

Tout à coup, de sinistres craquements se font entendre, ce sont nos mitrailleuses qui portent le carnage dans les rangs ennemis; chassés de leurs positions, les Prussiens éperdus ne songeant qu'à la fuite, gagnent précipitamment la ville. Descendus des hauteurs, les Français continuent à diriger un feu violent sur les fuyards. Débordés de toutes parts, surpris par l'intrépidité héroïque de nos soldats, les Prussiens abandonnent Sarrebruck qui aussitôt tombe en notre pouvoir.

Dans cette glorieuse journée, les Allemands venaient d'essuyer une défaite sur leur propre territoire, et nos troupes ouvraient la campagne par une victoire pleine de promesses. Espérance trompeuse ! Les jours suivants vont se lever sur nous, sombres et terribles.

Nous touchons aux déchirements de la patrie.

Wissembourg, ville frontière, chef-lieu d'arrondissement du Bas-Rhin, fut le sanglant théâtre de notre première défaite.

Dans la soirée du 3 août, l'avant-garde du maréchal Mac-Mahon, commandée par le général Abel Douai et forte de neuf mille hommes, était postée avantageusement sur un plateau dominant Wissembourg. Le lendemain, aux premières lueurs du jour, le général fit pousser une reconnaissance, qui ne découvrit point de troupes ennemies dans le voisinage.

Vers neuf heures du matin, nos soldats attaqués à l'improviste entendent gronder le canon du côté des Prussiens. Une forte batterie de position lançait ses projectiles sur Wissembourg.

Mac-Mahon avait donné au commandant de son avant-garde l'ordre de se replier dans le cas où il se trouverait attaqué par des forces supérieures. Mal renseigné par la reconnaissance qui le matin n'a pas été bien faite, le général croit qu'il n'a devant lui qu'un petit nombre d'ennemis; il prend rapidement ses dispositions pour soutenir l'attaque. Sa détermination, résultat d'une déplorable erreur, devait lui être terriblement fatale. Il était en présence de l'armée du prince royal, forte d'environ cent quatre-vingt mille hommes.

Après avoir traversé la Lauter, nos soldats

parviennent au pied des hauteurs d'où les Allemands dirigent leur feu. A ce moment, de terribles décharges éclatent sur tout notre front de bataille, et nos soldats, restés à découvert sur la route, sont foudroyés par les coups répétés de l'ennemi. Le général Pellé succède au général Abel Douai, frappé à mort. S'opposer à l'entrée des Prussiens dans Wissembourg n'est plus possible à nos troupes haletantes, épuisées. Les morts et les mourants jonchaient le champ de bataille. Le général Pellé jugeant avec raison qu'une résistance plus prolongée causerait un irréparable désastre, donne l'ordre de la retraite. Un seul canon et trois cents prisonniers furent laissés aux mains de l'ennemi.

Le combat de Wissembourg commençait la série de nos défaites, et laissait les routes de l'Alsace ouvertes aux Allemands.

Afin de prévenir le retour de pareils revers attribués tant au défaut de concentration qu'à l'absence d'unité dans le commandement, Napoléon plaça tous les corps d'armée sous les ordres de deux maréchaux. Le maréchal Bazaine est mis à la tête des 2e, 3e et 4e corps, en avant de Metz, et les 1er, 5e et 7e corps, en Alsace, ont pour chef le maréchal de Mac-Mahon. Celui-ci dirigea en toute hâte ses troupes sur Wœrth pour arrêter le débordement des soldats de l'Allemagne qui déjà ravageaient les campagnes de l'Alsace.

A Wœrth, chef-lieu de canton du Bas-Rhin, l'armée du maréchal de Mac-Mahon occupait une position extrêmement favorable. En avant coulait la Sauer dont la profondeur et les bords escarpés la protégeaient contre les attaques de l'ennemi; à gauche elle s'appuyait sur les derniers contreforts des Vosges.

Dans le but d'opposer un grand nombre de combattants à l'ennemi, il mande à ses divisionnaires de le rejoindre sans retard. Tout à coup, dans la matinée du 6, alors qu'il n'avait à sa disposition que quarante mille soldats, il est vigoureusement attaqué par l'armée du prince royal forte de cent-quatre-vingt mille hommes.

A huit heures du matin, quatorze batteries prussiennes ouvrent un feu violent sur Wœrth. Jusque vers midi, les Français se maintiennent intrépidement sur leurs lignes, mais un renfort de deux cents pièces de canon que reçoit l'ennemi vient changer la face du combat. Après avoir forcé le passage de la Sauer et s'être emparés de Wœrth, les Allemands marchent sur Frœswiller.

Assailli de toutes parts, et sur le point d'être enveloppé, Mac-Mahon ne doit le salut de son armée qu'au courage invincible de deux régiments de cuirassiers, le 8e et le 9e, qui exécutent une charge dans laquelle ils trouvent un glorieux trépas, mais arrêtent un instant l'ennemi dans sa marche précipitée.

Sept mille morts gisaient sur le champ de bataille; neuf mille prisonniers, vingt-huit canons, cinq mitrailleuses, et un drapeau étaient tombés au pouvoir du vainqueur. Confusément et sans ordre, généraux, officiers et soldats de toute arme, essaient de se dérober à la poursuite de l'ennemi. La cavalerie prussienne est près de les atteindre à Reichshoffen (commune du Bas-Rhin, à quarante-six kilomètres de Strasbourg), mais à ce moment arrive de Bitche une division du 5ᵉ corps, la seule qui apporte un secours tardif au maréchal de Mac-Mahon. Devant cet obstacle imprévu, la cavalerie allemande est contrainte de suspendre sa course furieuse. Les fuyards peuvent alors s'échapper, les uns gagnent les Vosges, les autres se dirigent vers Strasbourg. Dans les villages qu'ils traversent précipitamment, les soldats portent l'épouvante, et les paysans terrifiés abandonnant leurs campagnes, les suivent et vont chercher dans la forteresse un refuge contre les fureurs de l'ennemi.

Nous venions de perdre l'Alsace moins quelques places fortes qui allaient successivement succomber. Les troupes du premier corps vont se reformer au camp de Châlons où elles seront bientôt rejointes par celles du 5ᵉ et du 7ᵉ corps qui, mises en déroute, elles aussi, fuient devant les Prussiens victorieux.

Après la victoire de Sarrebruck, le général Frossard, commandant du 2ᵉ corps, s'était rapproché de Forbach, chef-lieu de canton du département de la Moselle.

Dans la matinée du 6 août, une division de cavalerie prussienne se portant en avant de Sarrebruck, tourne les hauteurs de Spickeren occupées par des troupes du 2ᵉ corps. Après avoir opposé une vigoureuse résistance, celles-ci sont obligées de se replier. Le général Frossard attend vainement que le maréchal Bazaine qui est à Saint-Avold, et sous les ordres duquel il est placé vienne le secourir. Le maréchal, bien que le chemin de fer soit à sa disposition, reste dans une funeste immobilité.

Par les renforts successifs qu'il reçoit, l'ennemi, après une lutte épouvantable, écrase les troupes françaises qui laissent entre les mains des Allemands les bagages, les fourgons, les tentes. Dans cette terrible journée, quatre mille Français couvraient le sol de leurs cadavres, et nous perdions la Moselle.

Au milieu de l'anxiété générale, on attendait des nouvelles du théâtre de la guerre.

A l'aide d'une manœuvre dont l'auteur est resté inconnu, cette sanglante journée du 6 août qui devait laisser des traces si profondes dans nos annales, fut présentée à Paris comme un éclatant triomphe.

Dans l'après-midi du 6 août, le bruit est de tous côtés habilement répandu que le maréchal de Mac-Mahon a remporté une brillante victoire sur le prince royal qu'il a fait prisonnier avec vingt-cinq mille Allemands. Pendant quelques instants, les habitants de Paris manifestent une joie mêlée d'orgueil. Mais bientôt une profonde indignation succède à ces transports d'allégresse. Plus de doute, la nouvelle est fausse, elle n'a eu pour but que de favoriser les coupables desseins de quelques agioteurs, élevant leur fortune sur les ruines de la patrie. La plus grande fermentation règne alors dans la ville. Dans la nuit, le ministre de l'intérieur communique aux Parisiens la dépêche suivante : « Le corps du général Frossard est en retraite. Pas d'autres détails. »

Le lendemain, 7 août, les télégrammes de l'empereur répandent la consternation. On apprend successivement et la déroute de Wœrth, et la défaite de Forbach, et la désastreuse retraite de nos armées, et la marche en avant de l'ennemi, exalté par l'orgueil de ses nombreuses victoires. La dernière dépêche contient les mots suivants : « La retraite s'opère en bon ordre, tout peut encore se rétablir. »

L'impératrice régente avait continué d'habiter le palais de Saint-Cloud depuis le départ de l'empereur. Les effrayantes nouvelles qui lui parviennent portent un instant l'accablement dans son esprit; mais se raidissant contre l'infortune, elle n'occupe sa pensée que d'une seule chose : repousser l'invasion. En toute hâte, elle se rend à Paris, et fait afficher une proclamation commençant en ces termes : « Français, le début de la guerre ne nous est pas favorable, nos armées ont subi un échec. Soyons fermes dans ce revers, et hâtons-nous de le réparer. Qu'il n'y ait parmi nous qu'un seul parti : celui de la France; qu'un seul drapeau : celui de l'honneur national..... »

Mais quelles mesures pouvait prendre le gouvernement de la régente pour faire tête à l'ennemi, alors qu'il était occupé de contenir un parti dont l'attitude menaçante révélait clairement le dessein de renverser l'Empire, déjà vacillant sous le poids de ses désastres.

Quoi qu'il en soit, Paris est mis en état de siège, le Sénat et le Corps législatif sont convoqués pour le 9 août.

Ce jour-là, le peuple de Paris est vivement excité, les ennemis de l'Empire, c'est-à-dire ceux qu'on désignait alors sous le nom d'*irréconciliables*, masquant sous les apparences du patriotisme l'ambition déréglée qui les dévorait, se jouent hardiment de la crédulité populaire en disant que le salut de la patrie est subordonné au renversement de la dynastie impériale.

Des attroupements se forment non loin du Palais-Bourbon, les avenues qui y conduisent se couvrent d'une foule inquiète, frémissante sous l'ardente impulsion des *irréconciliables*, et prête à forcer l'enceinte législative. Autour de l'Assemblée sont rangées en bataille et la troupe de ligne et la cavalerie. Les cris : A bas l'Empire, retentissent dans les airs; enfin les manifestants se retirent, laissant l'Empire encore debout.

Dans cette séance, M. Émile Ollivier demande que les députés votent sans retard les mesures que le gouvernement propose de prendre pour la défense du pays. Aussitôt, essayant de déplacer à son profit l'exercice du pouvoir, M. Jules Favre invite le Corps législatif à prendre la direction des affaires, et il dépose sur le bureau de la Chambre la résolution suivante : « Un comité de quinze membres, choisi dans le sein de la Chambre, sera investi des pleins pouvoirs du gouvernement pour repousser l'invasion étrangère. » Cette proposition, qui ne tendait qu'à renverser l'Empire pour lui substituer une commission de quinze membres dont l'auteur, M. Jules Favre, et la plupart de ceux qui l'avaient signée auraient fait partie, fit éclater un violent tumulte.

Le président Schneider dit que la proposition Jules Favre n'a pour but que le renversement de la constitution; il refuse de la mettre aux voix. De son côté, M. Granier de Cassagnac déclare que « s'il avait l'honneur de siéger au banc du gouvernement, il ferait traduire le soir même les signataires de la proposition devant un conseil de guerre. »

Devant l'indignation de la Chambre, M. Jules Favre comprit qu'il avait agi avec trop de précipitation. Forcé de réprimer la vivacité de ses désirs, il attendit impatiemment une occasion plus favorable.

Le cabinet Emile Ollivier fut obligé de se retirer par suite de l'adoption de l'ordre du jour Clément Duvernois, lequel était ainsi conçu : « La Chambre, décidée à soutenir un cabinet capable de pourvoir à la défense du pays, passe à l'ordre du jour. »

Par son vote, l'Assemblée déclarait nettement qu'elle ne jugeait pas le ministère Emile Ollivier capable de pourvoir à la défense du pays. Le 10, à l'ouverture de la séance, le Corps législatif adopte une loi en vertu de laquelle sont appelés sous les drapeaux tous les hommes célibataires ou veufs sans enfants âgés de vingt-cinq à trente-cinq ans, ayant déjà satisfait à la loi du recrutement, puis tous ceux de la classe de 1870.

M. Thiers, dont la haine contre l'Empire datait du jour où il avait été écroué à la prison de Mazas, s'empare violemment de la tribune et s'écrie qu'il ne faut pas s'étonner de nos revers. « J'avais la preuve formelle, dit-il, que la France n'était pas prête. »

Arrêter l'élan national, déconcerter la bravoure de nos soldats, fomenter la défiance et l'hostilité envers le gouvernement, voilà ce que veut M. Thiers. Aussitôt des cris d'indignation s'élèvent de tous les points de l'Assemblée. On proteste contre des paroles propres à jeter le découragement dans l'armée, alors que nos héroïques soldats, dans un suprême effort, recueillent leurs forces pour repousser les Allemands et effacer les récentes humiliations de la patrie.

Silencieux et immobile au milieu de l'orage que ses paroles ont déchaîné, M. Thiers n'occupe sa pensée que du but par lui sans cesse poursuivi : frapper mortellement l'Empire. La vie de nos soldats compte pour peu de chose dans le système politique de cet homme, système aveugle, inexorable comme le destin.

L'impératrice régente confia au général de Palikao le soin de former un nouveau ministère qui fut ainsi composé : de Palikao, président du conseil et ministre de la guerre. — Henri Chevreau, de l'intérieur. — Magne, des finances. — De la Tour d'Auvergne, des affaires étrangères. — Grandperret, de la justice et des cultes. L'amiral Rigault de Genouilly, de la marine. — Jérôme David, des travaux publics. — Clément Duvernois, de l'agriculture et du commerce. — Jules Brame, des beaux-arts et de l'instruction publique. — Busson-Billaut, ministre présidant le conseil d'Etat.

Le maréchal Bazaine fut nommé commandant en chef de l'armée du Rhin en remplacement du maréchal Lebœuf auquel nos revers étaient en partie attribués. A la tribune de l'Assemblée et devant la commission qui l'avait interrogé sur l'état de nos troupes et de nos armements, il avait déclaré que l'armée était prête à entrer en campagne, que nos arsenaux étaient abondamment pourvus et que la France pouvait sans crainte affronter les terribles hasards de la guerre.

Soit devant la commission d'enquête chargée de juger les capitulations, soit dans d'autres circonstances, le maréchal Lebœuf, aux accusations dont il a été l'objet, a répondu que les *irréconciliables*, c'est-à-dire les hommes qui de longue main préparaient les désastres de la patrie pour se substituer à l'Empire, avaient fait des efforts prodigieux pour désorganiser l'armée, que dans leurs professions de foi aux électeurs comme dans leurs discours à la tribune de l'Assemblée, ils avaient déclaré que l'armée, plaie de la France et soutien des tyrans, serait bientôt supprimée.

En présence d'une opposition si active, si persévérante, si formidable, il est hors de doute que le maréchal Lebœuf n'ait été mis dans l'impossibilité de donner à l'armée une organisation assez puissante pour repousser ces masses compactes d'Allemands qui envahirent le territoire français.

On ne songe plus qu'à donner un nouveau degré d'énergie à la résistance. Par les soins de l'administration de la guerre, on procède, dans tous les départements, à l'organisation et à l'armement de la garde nationale. Toutes les troupes disponibles, y compris celle du corps d'occupation de Rome vont, sur le théâtre de la guerre, augmenter successivement le nombre des combattants.

Au moment où, avec une ardeur mêlée d'exaltation, on se livre aux préparatifs que réclame l'état de la défense, Blanqui, cœur indomptable, dont la vie longue déjà s'était usée dans les cachots des prisons d'État, cherchait dans un coup de main le renversement de l'Empire. A la tête de quelques hommes animés d'un courage inébranlable, il essaie de forcer le poste des sapeurs-pompiers du boulevard de la Villette. Des coups de feu retentissent, on se prend corps à corps, des cris d'imprécations annoncent que la lutte se poursuit avec acharnement, enfin les pompiers parviennent à repousser la petite troupe de Blanqui. Ce dernier peut s'enfuir, mais quelques assaillants sont capturés, et en vertu de l'état de siège, déférés à la juridiction militaire, qui les condamne, pour la plupart, à la peine capitale. Mais la journée du 4 septembre sauve la vie de ces hardis conspirateurs et les rend à la liberté. Ce jour-là les *irréconciliables*, après s'être emparés violemment du pouvoir font acte de souveraineté; ils amnistient les condamnés politiques.

Revenons à l'armée du Rhin qui s'est concentrée au chef-lieu de la Moselle. Après la défaite de Forbach, les troupes du général Frossard et tous les autres corps vinrent, sous le commandement en chef du maréchal Bazaine, camper autour de Metz.

Après de longues hésitations, l'empereur prit enfin le parti de quitter l'armée du Rhin pour aller rejoindre le maréchal de Mac-Mahon au camp de Châlons. Ralliant en route le corps du général de Failly, le maréchal de Mac-Mahon avait, après le désastre de Reischoffen, dirigé les débris de son armée sur le camp de Châlons qu'occupaient déjà les troupes du maréchal Canrobert et les renforts expédiés par le ministre de la guerre.

Parcouru par un chemin de fer américain, ce camp présentait un front de bandière de treize kilomètres et couvrait une superficie d'une vaste étendue. La nuit, il était inondé des brillantes lumières que des phares projetaient dans toutes les directions.

L'empereur, accompagné de son fils et du prince Jérôme, arriva au camp dans la journée du 17. Dans une conférence à laquelle prirent part le maréchal de Mac-Mahon et plusieurs généraux, il fut décidé que l'armée du camp de Châlons, forte de cent quarante-cinq mille hommes, se replierait sur Paris, afin de le secourir en cas d'investissement.

Napoléon III place l'armée de Châlons sous le commandement du maréchal Mac-Mahon laissé néanmoins sous les ordres du maréchal Bazaine. Dans cette conférence le général Trochu fut nommé gouverneur de Paris. Le soir même, il quitta le camp et se rendit dans la capitale. Il ne fut pas plus tôt arrivé qu'il apprit à l'impératrice régente et au conseil des ministres que l'empereur et l'armée de Châlons allaient sans retard se porter sur Paris. Sur ces entrefaites, on annonce la victoire de Gravelotte remportée, le 16 août, par le maréchal Bazaine. Aussitôt tous les cœurs renaissent à l'espérance, et le conseil des ministres est unanimement d'avis de s'opposer au retour à Paris.

Le général Palikao, ministre de la guerre, ordonne au maréchal de Mac-Mahon de rejoindre le maréchal Bazaine en se dirigeant vers le Nord, de façon à prendre à revers les troupes allemandes.

Dans la matinée du 21, pour ne point les laisser tomber aux mains de l'ennemi, les tentes et les baraquements sont livrés aux flammes, et l'armée abandonne le camp au milieu des sinistres clartés de l'incendie. Avant la fin du jour, les Prussiens, précipitant leur marche, arrivaient au camp de Châlons.

C'en est fait, le maréchal de Mac-Mahon allait, d'après les ordres du ministre de la guerre, jeter son armée sur la route de Sedan. Voici les réflexions que la marche prescrite à l'armée de Châlons a suggérées à un écrivain militaire allemand : « Si Mac-Mahon ne voulait pas ou ne devait pas se réunir à l'armée de Bazaine, (ce qui, après les défaites de Wissembourg, de Reischoffen et de Forbach aurait été le meilleur plan), pourquoi, du moins, n'est-il pas resté à Châlons pour défendre le passage de la Marne, et offrir sur ce terrain une bataille aux armées des deux princes royaux de Saxe et de Prusse? Il pouvait y concentrer encore deux cent mille hommes de troupes dans les journées du 24 au 30 août.

« Cette armée, dans des positions favorables le long de la Marne, aurait été un adversaire très dangereux pour les troupes allemandes, et pouvait empêcher la continuation de leur marche sur Paris. Si les Français étaient battus, il leur restait une ligne de retraite sûre jusque derrière les forts de Paris; si les Allemands étaient battus, la situation devenait presque désespérée pour eux. »

Le jour suivant, le maréchal de Mac-Mahon est à peine arrivé à Reims que M. Rouher vient, au nom du gouvernement, le presser d'exécuter le mouvement de l'armée de Châlons sur Metz. Il expose, dans tous leurs détails, les motifs qui ont déterminé l'impératrice-régente et le conseil des ministres à ordonner que les deux armées opérassent leur jonction.

L'empereur fut présent à cet entretien. Profonde était sa tristesse. Devant l'immensité de nos désastres son désespoir ne connaît pas de bornes. Ses yeux sans regard, sa volonté sans vigueur trahissent les tourments de son esprit comme les cruelles agitations de son cœur.

Le maréchal de Mac-Mahon fit remarquer qu'en se portant au secours de Bazaine, l'armée de Châlons s'exposait à être enveloppée par l'ennemi. Sa conclusion était qu'il fallait tout de suite se diriger vers la capitale.

Mais il change d'avis au reçu de la dépêche

suivante que lui expédie le maréchal Bazaine :
« L'armée s'est battue hier toute la journée sur les positions de Saint-Privat et de Rozérieulles et les a conservées..... Les troupes sont fatiguées de ces combats incessants qui ne leur permettent pas les soins matériels, et il est indispensable de les laisser reposer deux ou trois jours. Le roi de Prusse était ce matin avec M. de Moltke à Rezonville, et tout indique que l'armée prussienne va tâter la place de Metz. Je compte toujours prendre la direction du Nord et me rabattre ensuite par Montmédy sur la route de Sainte-Ménéhould à Châlons, si elle n'est pas fortement occupée. Dans ce cas, je continuerai sur Sedan et même Mézières pour gagner Châlons. »

Le maréchal de Mac-Mahon, renonçant alors à son projet de retour à Paris, ne songe plus qu'à diriger ses troupes vers l'Est, dans l'espoir de les réunir à celles du maréchal Bazaine. Mais tandis qu'il presse la marche de ses soldats, il apprend que le maréchal Bazaine s'est en quelque sorte immobilisé dans Metz. Aussitôt il donne l'ordre de rétrograder et de se replier sur Mézières ; mais, au même moment, il reçoit du ministre de la guerre la dépêche suivante : « Au nom du conseil des ministres et du conseil privé, je vous demande de porter secours à Bazaine en profitant des trente heures d'avance que vous avez sur le prince royal de Prusse. »

Se conformant aux ordres du ministre de la guerre, le maréchal de Mac-Mahon, à la tête de son armée, se remit en marche dans la direction qui devait le rapprocher du maréchal Bazaine. Dans la journée du 29, quelques engagements, d'ailleurs sans importance, eurent lieu avec des détachements ennemis. Le 30, le gros de l'armée de Châlons traversa la Meuse. Ce jour-là même, le général de Failly, commandant du cinquième corps, se laissait surprendre à Beaumont, village situé à 25 kilomètres de Sedan. Le cinquième corps fut mis en pleine déroute. Dix-neuf canons, huit mitrailleuses, un immense matériel de guerre et des approvisionnements considérables devinrent la proie des Allemands. Dix-huit cents hommes couvraient la plaine de leurs cadavres ; puis çà et là, se faisaient entendre les gémissements des malheureux blessés. Funeste journée qui préparait celle de Sedan.

Le général de Wimpffen appelé d'Afrique pour remplacer le général de Failly, n'arriva que pour recueillir les débris du cinquième corps.

Au commencement de la guerre, ce général commandait en Afrique la division d'Oran. Lors de son passage à Paris pour aller prendre possession du commandement dont il venait d'être investi, le ministre de la guerre lui fit remettre la lettre suivante : « Mon cher général, dans le cas où il arriverait malheur au maréchal de Mac-Mahon, vous prendrez le commandement des troupes placées actuellement sous ses ordres. Je vous enverrai une lettre de service régularisant cette situation et dont vous ferez usage au besoin. »

Dans la soirée du 31, les Prussiens, s'avançant à marche forcée, passent la Meuse, et occupent la route de Sedan à Mezières. Seul le chemin qui conduit à la frontière belge est laissé libre.

A son départ de Châlons, l'armée du maréchal de Mac-Mahon comptait environ cent quarante mille hommes ; à son arrivée à Sedan, elle était à peine composée de soixante-dix mille combattants. Les pertes éprouvées à Beaumont et la débandade mise dans les troupes avaient considérablement réduit l'effectif de l'armée de Châlons que, deux cent quarante mille Allemands, sous la conduite du prince royal, allaient envelopper.

Le 1ᵉʳ septembre, au moment où l'horizon commençait à blanchir, le grondement du canon se fit entendre dans le village de Bazeilles, à quatre kilomètres de Sedan.

C'étaient les Bavarois qui cherchaient à s'emparer de Bazeilles. A mesure qu'ils avancent dans le village, ils anéantissent tous les êtres humains qu'ils peuvent atteindre. Nos troupes, cependant, font une belle résistance, mais elles sont obligées de céder au nombre. Dès que les Bavarois furent maîtres de Bazeilles, ils ne songèrent qu'à en exterminer tous les habitants. Ceux-ci sont violemment arrachés de leurs demeures en flammes et conduits dans la plaine où ils tombent foudroyés par des feux de peloton.

C'était le spectacle de la guerre épuisant ses horreurs.

Au premier bruit de la canonnade, le maréchal de Mac-Mahon quitte Sedan et se précipite vers le champ de bataille de Bazeilles. Pour se rendre compte de l'état des troupes, il se porte jusque sur le front de la première ligne. Au moment où il se dispose à donner des ordres, il est atteint d'un éclat d'obus qui lui fait une grave blessure. Il fut transporté à Sedan. Le commandement en chef fut déféré au général Ducros et, quelques instants après, au général Wimpffen, en vertu d'un ordre du ministre de la guerre qui, nous l'avons vu, le nommait commandant en chef « dans le cas où il arriverait malheur au maréchal de Mac-Mahon ».

Après que les troupes françaises eurent été délogées de Bazeilles, le champ de bataille se trouva naturellement moins étendu, et l'armée de Châlons fut refoulée dans Sedan, ville d'un aspect sombre et entourée par des hauteurs que les Prussiens couronnaient après y avoir établi de nombreuses batteries pour foudroyer la place.

Dans cette journée du 1er septembre, journée à jamais affreuse qui allait décider du sort de la Patrie, l'armée de Châlons, déployant un courage surhumain, soutint le combat avec une énergie voisine du désespoir ; mais accablée par le nombre, écrasée par le feu de l'ennemi dominant la ville, elle était exposée, par la prolongation de la lutte, à une destruction complète. Aussi vers deux heures, le général de Wimpffen demanda que l'empereur se mît au milieu des troupes et que, par un effort désespéré, il tentât de traverser les lignes prussiennes. Napoléon ne pouvait prendre une résolution aussi extrême sans avoir consulté les commandants de corps d'armée. Ceux-ci déclarèrent que leurs troupes, exténuées de fatigue, décimées par des forces supérieures, étaient hors d'état d'exécuter le projet conçu par le général de Wimpffen.

Pour que le sang des soldats ne fût pas versé inutilement, pour que le carnage ne prît pas d'effroyables proportions, l'empereur dut songer à la négociation d'un armistice.

Par une note, rédigée à la hâte, il engage le général de Wimpffen à faire dans ce sens des démarches auprès de l'ennemi. Plus épouvantable, plus sanglant, le combat continue toujours. Une voûte de feu couvre la ville, le sol tremble sous les pas de ses défenseurs et les maisons s'écroulent, ensevelissant dans leur chute tous ces vaillants hommes, glorieux martyrs que leurs familles éplorées ne reverront plus.

En proie à de mortelles angoisses, l'empereur attend vainement la réponse du général de Wimpffen. Quelques instants encore, et Sedan va devenir l'ossuaire de l'armée de Châlons. Napoléon III, n'écoutant alors que la voix de l'humanité, fait arborer le drapeau blanc sur la citadelle.

A la vue du drapeau parlementaire, le général de Wimpffen veut résigner son commandement, il offre par écrit sa démission à l'empereur qui lui répond : « Général, vous ne pouvez pas donner votre démission lorsqu'il s'agit encore de sauver l'armée par une honorable capitulation. Je n'accepte donc pas votre démission. Vous avez fait votre devoir toute la journée, faites-le encore. C'est un service que vous rendrez au pays. Le roi de Prusse a accepté l'armistice et j'attends ses propositions. »

Pendant la suspension d'armes, le roi de Prusse charge le général de Moltke d'arrêter es conditions de la capitulation avec un général français désigné par l'empereur. Investi du commandement suprême, le général de Wimpffen dut accepter, non sans amertume, la pénible mission d'aller conférer avec l'ennemi.

Voici les conditions que proposa le général de Moltke :

« Nous demandons que l'armée française capitule. Elle sera prisonnière de guerre, les officiers conserveront leurs épées et leurs propriétés personnelles ; les armes de la troupe seront déposées dans un magasin de la ville pour nous être livrées. »

Contrairement au décret du 13 octobre 1863, qui prescrit aux officiers de ne jamais séparer leur sort de celui de leurs soldats, le général de Wimpffen obtint, par de pressantes sollicitations, que les officiers qui s'engageraient à ne pas prendre les armes contre les Allemands pendant la durée de la guerre, seraient laissés en liberté.

Dans le cas où le lendemain, 2 septembre, à neuf heures du matin, les conditions de la capitulation ne seraient point acceptées, le feu convergent des batteries prussiennes devait anéantir, en même temps que la ville, les débris de l'armée de Châlons.

Le 2 septembre, à six heures du matin, sur la convocation du général de Wimpffen, trente-deux généraux s'assemblent pour former le conseil de guerre appelé à délibérer sur la question de savoir si l'armée doit se mettre à la merci du vainqueur ou chercher dans de nouveaux combats les chances de salut promises à l'audace.

Dans le procès-verbal de cette réunion, on lit ce qui suit : « Le général de Wimpffen a demandé aux officiers généraux qui faisaient partie du conseil de guerre si, dans leur pensée, la lutte était encore possible ; la grande majorité a répondu par la négative. Deux généraux seuls ont exprimé l'opinion que l'on devait ou se défendre dans la place ou chercher à sortir de vive force (les généraux Pellé et Carré de Bellemare). On leur a fait observer que la défense de la place était impossible, parce que les vivres et les munitions manquaient absolument, que l'entassement des hommes et des voitures dans les rues rendait toute circulation impossible, que, dans ces conditions, le feu de l'artillerie ennemie, déjà en position sur toutes les hauteurs environnantes, produirait un affreux carnage, sans aucun résultat utile ; que le débouché était impossible, puisque l'ennemi occupait déjà les barrières de la place et que ses canons étaient braqués sur les avenues étroites qui y conduisent. Ces deux officiers généraux se sont rendus à l'avis de la majorité. En conséquence, le conseil a déclaré au général en chef qu'en présence de l'impuissance matérielle de prolonger la lutte, nous étions forcés d'accepter les conditions qui nous étaient imposées, tout sursis pouvant nous exposer à subir des conditions plus douloureuses encore. »

On le voit, il ne restait aux vaincus qu'à s'humilier devant la défaite. Un morne désespoir était peint sur tous les visages. Il fallait se soumettre aux dures exigences de la nécessité, il fallait se soumettre aux décrets de la force, il fallait enfin que l'armée, à Sedan, passât sous le joug des vainqueurs. La capitulation de Sedan commençait le depouillement de la France au profit des Allemands ; les pièces de place, les pièces de campagne, les mitrailleuses et un immense matériel de guerre y compris beaucoup de chevaux, tout fut enlevé par les Allemands.

Il était grand le nombre de nos morts qui couvraient la campagne, et les rues de Sedan étaient obstruées par des monceaux de cadavres. La ville renfermait quinze mille blessés. Ils étaient là étendus, sans mouvement, tantôt râlant, tantôt faisant entendre un appel plaintif. Que de larmes ! que de deuil ! que de sang ! Dès ce jour, le destin de la France était fixé. La France était vaincue.

De Donchéry, village situé à 6 kilomètres de Sedan, où l'empereur s'était rendu après la capitulation, Bismarck le conduisit au château de Bellevue, quartier général du roi de Prusse.

Quelle entrevue que celle de ces deux souverains qui, trois ans auparavant, s'étaient prodigué d'éclatants témoignages d'amitié au bruit des fêtes données au milieu des splendeurs du château des Tuileries ! L'un était plein de l'orgueil que donne la victoire; l'autre, abîmé dans sa douleur, ne trouvait que des larmes pour répondre aux banales condoléances du roi de Prusse.

Le lendemain, Napoléon, devenu prisonnier, était dirigé sur Wilhelmshœhe près de Cassel, où il devait passer le temps de sa captivité. Après quelques jours d'horribles souffrances dans la presqu'île de Glaire, les débris de l'armée écrasée à Sedan prenaient le chemin de l'Allemagne.

CHAPITRE III

Manœuvres des *irréconciliables*. — Déclaration du général de Palikao; son projet. — Propositions Thiers et Jules Favre. — Le Palais-Bourbon est envahi par la multitude. — Scènes de violence dans l'enceinte législative. — MM. Gambetta et Jules Favre se rendent à l'Hôtel de Ville. — La foule essaie de forcer les Tuileries. — L'impératrice se rend en Angleterre. — Constitution du gouvernement insurrectionnel. — Étrange circulaire de M. Jules Favre. — Délégation insurrectionnelle envoyée à Tours. — M. Thiers, son voyage en Europe. — La Prusse refuse de reconnaître le gouvernement du 4 septembre. — Entrevue de M. Jules Favre et de M. de Bismarck, à Ferrières. — Trahison de M. Jules Favre. — Investissement de Paris par les Prussiens. — Déroute de Chatillon. — Combat de Villejuif. — Discours et proclamations. — M. Gambetta quitte Paris. — Engagements partiels à Bondy, Bagneux, Clamart et Châtillon. — Incendie du palais de Saint-Cloud. — Combat de la Malmaison. — Le journal de M. Félix Pyat, annonce la reddition de Metz. — Reprise et perte du Bourget. — La journée du 31 octobre et ses suites. — Un armistice est accordé par M. de Bismarck, mais refusé par le gouvernement insurrectionnel.

Dans la matinée du 3 septembre, par une dépêche expédiée de Bruxelles, les *irréconciliables* apprenaient qu'un immense désastre venait de frapper à Sedan l'armée du maréchal de Mac-Mahon. L'empereur étant prisonnier, ils concertèrent alors toutes les mesures propres à renverser la dynastie.

Grâce à leurs haineuses excitations, la capitale est remplie de troubles. Leurs émissaires vont dans toutes les directions annoncer que la chute de l'Empire sera le salut de la patrie, qu'avec la République la France entière sera debout pour repousser l'invasion, que la République, sous la conduite prudente et habile des *irréconciliables*, ouvrira l'ère glorieuse de la liberté, de l'égalité et de la fraternité. Les esprits sont soigneusement préparés pour l'accomplissement des desseins que les *irréconciliables* avaient conçus depuis longtemps.

Ce jour-là même, le général de Palikao, ministre de la guerre, vint annoncer à la tribune de l'Assemblée que nos armées, enveloppées par des forces supérieures, avaient essuyé une sanglante défaite. A la suite de cette déclaration, il fut décidé qu'une séance de nuit aurait lieu. A ce moment solennel personne ne songeait à prendre du repos, le sommeil d'ailleurs avait fui tous les yeux. Ce fut au milieu de l'anxiété publique, vers une heure du matin, que le général de Palikao fit savoir aux députés que l'armée, refoulée dans la ville de Sedan, avait été contrainte de poser les armes après avoir donné l'exemple d'une résistance à la fois noble et héroïque, et d'une voix émue, il ajouta :

« L'empereur est prisonnier ; en présence de ces événements graves, il ne nous serait pas possible à nous, ministres, d'entamer ici une discussion relative aux conséquences qu'ils doivent entraîner. Par conséquent, nous demandons que la discussion soit remise à demain.

Aussitôt, M. Jules Favre, renouvelant sa tentative qui précédemment avait échoué, demande que Louis Bonaparte et sa dynastie soient déclarés déchus des pouvoirs que leur a conférés la constitution. » Aussitôt la séance est levée. Elle est remise au lendemain, cette lutte suprême que les *irréconciliables* vont engager avec le gouvernement de Napoléon III.

Ce jour-là, 4 septembre, les députés se rendant à l'Assemblée eurent à traverser une foule immense qui stationnait autour du Palais-Bourbon. Par l'intermédiaire de leurs nombreux affidés, les *irréconciliables* avaient convoqué la garde nationale en armes avec ordre de se tenir prête à faire irruption dans l'enceinte législative.

Dès l'ouverture de la séance, le général de Palikao, ministre de la guerre, donne lecture d'un projet instituant un conseil de gouvernement et de défense nationale sous l'autorité de l'impératrice régente.

M. Thiers, de son côté, fait une proposition portant : « Vu les circonstances, la Chambre nomme une commission de gouvernement et de défense nationale. Une Constituante sera convoquée dès que les circonstances le permettront. »

L'urgence étant votée sur le projet Palikao qui maintenait l'Empire et sur les propositions Thiers et Jules Favre qui tendaient à le renverser, les députés se rendent dans les bureaux pour nommer une commission chargée de les examiner. Il était deux heures et demie. Ce fut le moment que les *irréconciliables* jugèrent opportun pour lancer à l'assaut du Palais-Bourbon les hommes armés qui impatiemment attendaient le signal convenu.

Pendant la suspension de la séance, le président, M. Schneider, continua d'occuper le fauteuil. Dès que quelques députés furent revenus des bureaux, il déclara la séance ouverte.

Sur la place de la Concorde, la foule déjà grande se grossissait de tous ceux que la curiosité attire ou qu'un vague besoin d'agitation met au service de l'imprévu. Des sergents de ville, soutenus par un détachement de gardes municipaux placés à la tête du pont, s'opposent vainement aux efforts des bataillons armés de la garde nationale qui veulent le traverser. Agents de police et gardes municipaux sont incapables de contenir plus longtemps les mouvements impétueux de la foule qui, après avoir forcé le passage du pont, fait retentir les airs des cris : la déchéance! vive la République! Les grilles du palais sont escaladées. Des groupes de citoyens et de gardes nationaux armés envahissent les couloirs, pénètrent dans les tribunes. Sur un signe de M. Gambetta, ceux qui ont pris possession des tribunes descendent le long des colonnes et occupent tumultueusement la salle des séances. Le président, M. Schneider, est insulté, des menaces sont proférées par des hommes qui veulent attenter à sa vie. Mais son inébranlable fermeté impose à tous les furieux qui l'entourent. Il se couvre et quitte la salle sans être intimidé par les clameurs qui le poursuivent.

Le général de Palikao, qui dans son court passage au ministère de la guerre avait fait les plus généreux, les plus patriotiques efforts pour donner à la défense une vigoureuse impulsion, le général de Palikao est renversé, foulé aux pieds.

M. Gambetta monte à la tribune et s'écrie : « Nous déclarons que Louis Bonaparte et sa « dynastie ont à jamais cessé de régner sur la France. »

« Citoyens, ajoute-t-il, crions vive la République, et allons la proclamer à l'Hôtel de Ville. » Accompagné de M. Jules Favre et de quelques députés, il se dirige en effet vers la place de Grève.

4

Sur ces entrefaites, les membres de la commission chargée de faire un rapport sur les propositions qui ont été renvoyées à leur examen sortent de la salle de leurs délibérations; partout ils ne voient que trouble, confusion, tumulte; vainement ils essaient de se frayer un passage pour se rendre dans l'enceinte législative. Ils apprennent au milieu des clameurs confuses de la multitude que MM. Gambetta et Jules Favre, après avoir fait envahir l'Assemblée, sont allés, suivis de quelques-uns de leurs complices, proclamer la République à l'Hôtel de Ville.

Instrument de l'ambition criminelle des *irréconciliables*, une foule inquiète, que des affirmations mensongères ont surexcitée au plus haut point, fait retentir la place du Carrousel du bruit formidable de ses vociférations contre l'impératrice, faussement accusée d'avoir voulu la guerre. On essaie de pénétrer dans les Tuileries. Le gouverneur de Paris, M. Trochu, avait dit : « Je réponds, avec ma *vieille foi bretonne*, que pour défendre la dynastie je viendrai me faire tuer sur les marches des Tuileries. »

Donnant un éclatant démenti à sa *vieille foi bretonne*, M. Trochu fait cause commune avec les insurgés, et abandonne l'impératrice à tous les hasards de la révolution.

Dans ce jour d'amère tristesse, l'impératrice

dut quitter furtivement les Tuileries, puis gagner l'Angleterre, où elle retrouva le prince impérial qui venait d'y arriver peu de jours auparavant.

Le Sénat, qui tenait ses séances au palais du Luxembourg, dut disparaître devant la révolution qui venait de s'accomplir. Exploiteurs de l'élément démocratique, ils sont enfin arrivés au succès, ces *irréconciliables* qui, portés aux honneurs et comblés de richesses diront plus tard devant la commission d'enquête : « L'invasion de la Chambre a été faite par une *horde de scélérats.* »

Puisant leur mandat dans leur orgueil que l'excès de nos malheurs laissait impuni, MM. Gambetta et Jules Favre proclament la République à l'Hôtel de Ville. Prête à acclamer ses nouveaux maîtres comme à se précipiter dans la voie d'une sanglante servitude, une foule immense couvrait la place de Grève. Quel nom pouvait convenir à ce gouvernement né de la violation de la représentation nationale ? O cruelle ironie du destin ! Il s'appelle le gouvernement de la Défense nationale, ce gouvernement qui va couvrir le pays de ruines, envoyer à la mort sans utilité pour la patrie tant de milliers d'hommes, démembrer la France et engloutir dans les horreurs d'une guerre civile une partie des habitants de la capitale.

Les membres du gouvernement insurrectionnel étaient : Le général Trochu, président. MM. Jules Favre, vice-président, Pelletan, Garnier-Pagès, Rochefort, Crémieux, Glais-Bizoin, Emmanuel Arago, Jules Ferry, Gambetta, Jules Simon, Ernest Picard.

Ils n'étaient pas sans inquiétude sur les résultats de leur entreprise, ces hommes du 4 septembre. Hautement ils exprimaient leurs craintes sur un retour offensif de l'Empire. Bazaine, le maréchal Bazaine ne pouvait-il, à la tête de son armée, marcher sur Paris et effacer la journée du 4 septembre?

D'ailleurs le pouvoir dont ils venaient de s'emparer par la violence, comment allaient-ils l'exercer?

Le jour même de leur triomphe, le général Trochu déclarait à ses collègues que la défense était une *héroïque folie*.

De son côté, M. Jules Favre disait : Nous entreprenons une *œuvre impossible*. Un des leurs, M. de Kératry, par eux nommé préfet de police au 4 septembre, a dit plus tard devant la commission d'enquête : « Jamais le gouvernement de Paris n'a cru à une défense efficace. Est-il bien de sacrifier *hommes et millions* pour sembler marcher à un résultat irréalisable. »

Dans la soirée du 4 septembre, ils publièrent la proclamation suivante : « Français, le peuple a devancé la Chambre qui hésitait. Pour sauver la patrie en danger, il a demandé la République. Il a mis ses représentants non au pouvoir, mais au péril..... *La Révolution est faite au nom du droit et du salut public.* Citoyens, veillez sur la cité qui vous est confiée; demain vous serez, avec l'armée, les vengeurs de la patrie. » Les membres du gouvernement insurrectionnel procédèrent à la formation d'un ministère.

Furent nommés : aux affaires étrangères, M. Jules Favre; à l'intérieur, M. Gambetta; à la guerre, le général Le Flô; à la marine, l'amiral Fourichon; à la justice, M. Crémieux; aux finances, M. Ernest Picard; à l'instruction publique et aux cultes, M. Jules Simon; aux travaux publics, M. Dorian; à l'agriculture et au commerce, M. Magnin.

Le 7 septembre, M. Jules Favre adresse à nos représentants à l'étranger une longue circulaire dans laquelle il est dit : « La population n'a pas prononcé la déchéance de Napoléon III et de sa dynastie, elle l'a enregistrée au nom du droit, de la justice et du salut public. — L'armée est plus grande par ses défaites que par les plus brillantes victoires. — Le patriotisme et la liberté nous rendent invincibles. — Nous voulions que la liberté fût à la fois notre lien commun et notre commun bouclier, nous étions convaincus que ces forces morales assuraient à jamais le maintien de la paix. — Nous ne céderons ni un pouce de notre territoire, ni une pierre de nos forteresses. »

Dans cette circulaire où déborde tant d'insanité où le *lien commun* est uni au *commun bouclier*, M. Jules Favre proclame que l'armée est plus grande par ses défaites que par les plus brillantes victoires, que le patriotisme et la liberté nous rendent invincibles, puis il termine par cette puissante fanfaronnade devenue légendaire! ni un pouce de notre territoire, ni une pierre de nos forteresses.

C'est avec ces phrases, sorte d'insulte au bon sens, que cet homme égarait les esprits que des circonstances terribles avaient rendus profondément crédules.

Le 9 septembre, pour faire croire qu'il ne veut pas se substituer à la volonté du pays, le gouvernement insurrectionnel rend un décret portant que les collèges électoraux seront convoqués pour le dimanche, 16 octobre, à l'effet d'élire une Assemblée nationale constituante. Cependant ils voulaient régner seuls ces hommes, ils se jouaient hardiment de la naïveté populaire en promettant ces élections qui, sous divers prétextes, furent indéfiniment ajournées.

L'argent des contribuables allait être livré à un vaste pillage. Aucune Assemblée pour consentir l'impôt, pour voter ces levées d'hommes conduits à la mort au milieu d'un immense désordre propre à favoriser les opérations de ceux qui faisaient d'énormes bénéfices et sur la nourriture de nos soldats, et sur leurs uniformes, et sur leurs armes, et sur leurs chaussures ; les dépouilles de leurs cadavres étaient également matière à profit.

Plus tard, les tribunaux, après avoir retenti du bruit de ces infamies lucratives, ont prononcé quelques condamnations ; mais on a cru généralement que la loi avait fléchi devant la puissance de ceux pour qui nos désastres n'avaient été que le passage de la pauvreté à l'opulence.

Pendant le peu de temps que le général de Palikao avait été ministre de la guerre, il avait déployé l'activité la plus grande pour armer les fortifications de Paris, ainsi que les forts détachés qui entourent la capitale. Il se disposait à faire construire des ouvrages défensifs pour empêcher que les positions laissées en dehors de la ligne des forts ne fussent occupés par l'ennemi, lorsque la révolution du 4 septembre vint brusquement interrompre l'œuvre qu'il avait si vigoureusement entreprise, et qui devait être abandonnée par le gouvernement insurrectionnel, jugeant la résistance impossible.

Les habitants de la banlieue se réfugient précipitamment dans Paris. Le long des routes qui y conduisent, on les voit, l'air morne, abattu, accompagnés de leurs petits enfants. Des charrettes transportent leurs linges et leurs meubles.

Ces campagnes qu'ils abandonnent sont maintenant presque dépeuplées, partout le silence et la solitude, mais dans quelques jours, l'ennemi viendra les animer de son odieuse et redoutable présence. Et ces champs, ces champs qui sont déserts deviendront le théâtre des luttes sanglantes que bientôt je vais raconter.

Il était temps de se hâter de fuir, les armées allemandes allaient, sans rencontrer d'obstacles, s'avancer jusque sous les murs de la capitale. Le 10 septembre, prévoyant que Paris ne tarderait pas à être investi, le gouvernement insurrectionnel, pour ne point se trouver sans action sur les départements, envoya en province une délégation chargée, disait-on, d'organiser la résistance, mais armée d'une dictature sans limites et sans frein qui allait faire peser sur les départements une sanglante tyrannie. Les membres qui composaient cette délégation insurrectionnelle étaient : MM. Crémieux, Glais-Bizoin, l'amiral Fourichon. Pour ce triumvirat, qui avait son siège à Tours, gouverner la province, c'était mettre les Français en coupe réglée. On lui avait adjoint M. Clément Laurier, comme représentant de M. Gambetta, ministre de l'intérieur.

M. Thiers, savant conspirateur qui jamais ne s'écarta des règles de la prudence, attendait les événements. Il a dit plus tard à la tribune de l'Assemblée les motifs qui l'avaient déterminé à ne point prendre au 4 septembre la part du pouvoir à laquelle il avait droit : « Je croyais, dit-il, qu'il ne me convenait pas, avec mon passé de contribuer à cette révolution. — Oui, Messieurs, nous étions tous révoltés, je l'étais comme vous tous, contre cette politique de *fous furieux* qui mettaient la France dans le plus grand péril. »

Ainsi pour M. Thiers, c'étaient des *fous furieux* mettant la France dans le plus grand péril, que les Gambetta, les Jules Favre et leurs complices.

Quoi qu'il en soit, M. Thiers sollicita et obtint du gouvernement insurrectionnel la mission d'aller implorer en faveur de la France l'assistance de divers cabinets de l'Europe. Avant de partir, il n'ignorait pas combien vaines, combien stériles seraient ses démarches auprès des puissances, qui, je l'ai dit dans le chapitre premier de cette histoire, se renfermaient dans une stricte neutralité ; mais peu lui importait. Impatient de l'obscurité dans laquelle il avait été relégué pendant toute la durée de l'Empire, il n'agissait, en cette circonstance, qu'en vue de son propre intérêt. Se répandre, remplir le monde du bruit de son nom, interroger la pensée des hommes d'État de l'Europe, nouer des intrigues, en un mot, préparer de loin son avènement à la présidence de la République, voilà le but qu'il poursuivait avec autant d'ardeur que de persévérance.

Après la capitulation de Sedan qui enlevait à la France une grande partie de ses défenseurs, le gouvernement prussien, refusant d'une manière absolue d'entrer en négociations avec les révolutionnaires du 4 septembre, se montrait disposé à conclure la paix avec le gouvernement de Napoléon III.

Voici le communiqué qu'il publia à ce sujet :

« Les gouvernements allemands dont le but n'est pas la guerre, ne refuseraient pas de conclure la paix avec la France si elle était sérieusement demandée par le pays.

« Dans ce cas il s'agirait seulement de savoir avec qui on peut la conclure. Les gouvernements allemands pourraient entrer en négociations avec l'empereur Napoléon dont le gouvernement est jusqu'à présent le seul reconnu, ou avec la régence instituée par lui. Ils pourraient également traiter avec le maréchal Bazaine, qui tient son commandement de l'empereur. Mais il est impossible de comprendre de quel droit les gouvernements allemands pourraient négocier avec un pouvoir qui ne représente jusqu'ici qu'une partie de la gauche de l'ancien Corps législatif. »

Ainsi, la France était vaincue. La Prusse, de son côté, heureuse de voir cesser les horreurs de la guerre, demandait à débattre les conditions de la paix.

Mais le gouvernement insurrectionnel, pour prolonger la durée du pouvoir qu'il venait de saisir, désirait avec une bouillante ardeur la continuation de la lutte.

Ce fut alors qu'eut lieu entre M. Jules Favre et M. de Bismarck l'entrevue de Ferrières (Seine-et-Marne).

M. de Bismarck accordait un armistice pendant lequel une Assemblée nationale serait élue avec mandat de statuer sur la question de savoir s'il y avait lieu de conclure la paix ou de reprendre les hostilités.

Les conditions de cette suspension d'armes étaient : la reddition de Strasbourg, Toul et Phalsbourg dans le cas où l'Assemblée se réunirait à Tours.

La remise du Mont-Valérien serait exigée si l'Assemblée était convoquée à Paris.

M. de Bismarck déclara à M. Jules Favre qu'il était prêt à offrir la paix moyennant *la cession de Strasbourg et de sa banlieue.*

A son retour, M. Jules Favre fit part à ses collègues du résultat de sa mission, et le *Journal officiel* du 22 septembre publiait la déclaration suivante :

« La Prusse répond aux ouvertures qui lui ont été faites en demandant à *garder l'Alsace et la Lorraine*, par droit de conquête.

« Que l'Europe juge : notre choix est fait !

« Paris résistera jusqu'à la dernière extrémité. Les départements viendront à son secours; et Dieu aidant, la France sera sauvée. »

En dissimulant la vérité, en exagérant les demandes de la Prusse, le gouvernement insurrectionnel rendait les conditions de la paix inacceptables.

La paix était au prix de la cession de *Strasbourg et de sa banlieue*, mais le gouvernement insurrectionnel disait à la France : L'Allemagne demande à garder *l'Alsace et la Lorraine*.

Cet exécrable mensonge allait pousser les Français, trompés sur les intentions de la Prusse, à une résistance héroïque mais folle.

M. Jules Favre a fait à la tribune de l'Assemblée l'aveu de sa trahison dans des circonstances que j'exposerai plus loin pour ne pas intervertir l'ordre des faits.

Les auteurs de la révolution du 4 septembre vont précipiter la nation désarmée dans la guerre à outrance. Les pères vont prendre le deuil, les mères, les malheureuses mères vont verser des larmes, le règne de la trahison va faire couler le sang de leurs enfants.

Pendant que s'accomplissaient les événements que je viens de décrire, les Prussiens, qu'aucun obstacle n'arrêtait dans leur marche, s'étaient rapprochés de Paris qu'ils se proposaient d'investir. Après la capitulation de Sedan, deux des quatre armées prussiennes sont dirigées sur la capitale.

La 3e armée, sous le commandement du prince royal de Prusse, après avoir traversé Reims et Epernay, arrive à Meaux, le 15 septembre. Le surlendemain, elle contourne Paris à l'est, traverse la Seine à Villeneuve-Saint-Georges et occupe Choisy-le-Roi. Le 20 septembre, le roi de Prusse établit son quartier général à Versailles.

La 4e armée, sous les ordres du prince royal de Saxe, passe par Rethel, Senlis, enveloppe le nord de Paris, puis rejoint par ses deux ailes la 3e armée.

L'investissement de la capitale était complet.

Quel était alors l'effectif des troupes de la garnison de Paris?

Vingt mille hommes composant le 13e corps, commandés par le général Vinoy, étaient partis de Paris pour appuyer l'aile gauche de l'armée du maréchal de Mac-Mahon. Mais à Mézières, le général Vinoy apprend que l'armée de Châlons vient de subir une irréparable défaite à Sedan. Ce n'est que par une prompte retraite que le général Vinoy échappe à l'ennemi, et ramène son corps d'armée à Paris. A ce 13ᵉ corps ainsi sauvé, on ajoute le 14ᵉ, dont l'organisation était encore incomplète.

Le général Ducrot qui, fait prisonnier, s'était enfui de Sedan, reçut le commandement du 13ᵉ et du 14ᵉ corps. C'est avec cette faible troupe, débris de notre armée, que le gouvernement insurrectionnel du 4 septembre faisait croire au peuple abusé qu'il allait sans retard chasser les Prussiens du territoire français.

Le 19 septembre, dans le but d'arrêter la marche des Allemands sur Versailles, le gouvernement insurectionnel donne ordre au général Ducrot de s'emparer du plateau de Châtillon et de s'y établir.

Avec quatre divisions d'infanterie, il occupe les hauteurs qui s'étendent de Villejuif à Meudon. L'action n'est pas plus tôt engagée que des bataillons de mobile s'entretuent avec des compagnies du 116ᵉ de ligne. Comme au temps des guerres civiles, des soldats français tombent sous des balles françaises. A cette vue, les zouaves glacés d'effroi crient à la trahison, jettent leurs armes et quittent précipitamment le champ de bataille au milieu du plus grand désordre.

Le général Ducrot renonce à l'idée de se rendre maître du plateau. Par son ordre, les canons établis dans la redoute inachevée de Châtillon sont encloués, et les troupes affaiblies, découragées, sont ramenés sous les forts de Montrouge et de Vanves.

Vers dix heures du matin, les fuyards continuent leur course désordonnée, se répandent dans Montrouge, Vaugirard, Grenelle, quartiers de la rive gauche, et y portent la consternation. « Nous avons été trahis, disaient-ils. La redoute de Châtillon n'est pas encore terminée, et la troupe a tiré sur nous. »

A la nouvelle de la déroute de Châtillon, les habitants de Paris commencent, en dépit des promesses des hommes du 4 septembre, à concevoir des doutes sur la possibilité de repousser les Allemands déjà solidement établis autour de la grande ville. De tous côtés on demande que le gouvernement insurrectionnel s'explique sur la cause des désordres qui viennent de se produire.

Aussitôt la déclaration suivante est affichée sur tous les murs de Paris : « On a répandu le bruit que le gouvernement de la Défense nationale songeait à abandonner la politique pour laquelle il a été placé au poste de l'honneur et du péril. Cette politique est celle qui se formule en ces termes : Ni un pouce de notre territoire, ni une pierre de nos forteresses. Le gouvernement la maintiendra jusqu'à la fin. »

A une population anxieuse, troublée par les derniers événements dont elle désire connaître la cause, voilà la réponse du gouvernement insurrectionnel.

Le 23 septembre, la division Maudhuy occupe Villejuif et les redoutes du Moulin-Saquet et des Hautes-Bruyères.

Du côté de Saint-Denis, le général Bellemare s'avance jusqu'à Pierrefitte d'où il déloge les Allemands.

Le 30 septembre eut lieu le combat de Chevilly qui allait grossir le nombre de nos défaites.

Après la prise de Villejuif par la division Maudhuy, les Allemands avaient continué d'occuper les villages de l'Hay, Chevilly, Thiais, Choisy-le-Roi pour assurer leurs communications avec Versailles.

Dans la matinée du 30, les troupes commandées par le général Vinoy commencent l'attaque sur le plateau de Villejuif. Le 35e et le 45e de ligne, sous les ordres du général Guilhem, s'avancent dans Chevilly, tandis que la tête de colonne du général Blaise pénètre dans le village de Thiais et s'empare d'une batterie de position qu'on ne peut enlever *faute d'attelages*.

Nos soldats ne pouvant résister davantage

aux forces supérieures qui les accablent, le général Vinoy leur donne l'ordre de se replier sur les forts d'Ivry, de Bicêtre et de Montrouge.

Trente mille Allemands avaient été opposés aux efforts du petit nombre de soldats que le général Trochu avait fait entrer en ligne. *Faute d'attelages*, la prise faite à Thiais sur l'ennemi fut abandonnée. Que d'imprévoyance! Que de désordres. Le général Guilhem fut frappé mortellement. Vers la fin du jour, les champs étaient couverts de cadavres. Ils étaient là, endormis pour toujours, ceux qu'une ambition criminelle avait envoyés à la mort.

A la suite de la malheureuse affaire de Chevilly, dont la responsabilité écrasait de tout son poids le gouvernement insurrectionnel qui avait pour président le général Trochu, celui-ci publie une proclamation où il est dit : « Que les combats du 30 septembre ont montré à nos soldats ce qu'ils valent et que la journée honore les efforts de la Défense. »

Sur ces entrefaites, on apprend que Strasbourg et Toul viennent de succomber après une héroïque résistance.

Pour se maintenir au pouvoir qu'il avait usurpé et dont il faisait un usage si meurtrier, le gouvernement insurrectionnel multipliait et les discours et les proclamations. C'étaient des paroles enflammées, des déclarations de guerre à outrance, des promesses de vaincre au moyen du *plan Trochu*. L'un d'eux, M. Emmanuel Arago, saisi d'une fureur martiale, s'écrie : « Si Paris a été la Sodome de l'Empire, il sera la Saragosse de la République. Et si la Saragosse ne suffit pas, la torche à la main, nous ferons, moi à votre tête, de Paris un Moscou. »

C'est à l'aide de cette emphase avocassière qui d'ordinaire séduit la multitude, qu'on allait faire massacrer par les Prussiens tant d'infortunés croyant fermement que le gouvernement insurrectionnel était capable de faire revivre le patriotisme incendiaire de Rostopchine comme l'intrépidité surhumaine des glorieux moines de Saragosse.

Le 6 octobre, il faisait afficher sur tous les murs de la capitale : Le gouvernement reçoit à l'instant les lignes suivantes, qu'il transcrit textuellement : La province se lève et se met en mouvement. Les départements s'organisent. Tous les hommes valides accourent au cri : « Ni un pouce de notre territoire, ni une pierre de nos forteresses. Sus à l'ennemi! Guerre à outrance! »

Contrairement aux affirmations du gouvernement insurrectionnel, la province, sous les coups répétés de nos désastres, était dans la dernière consternation. Mais il excitait Paris en disant : la province se lève. Puis il enflammait les départements en déclarant : Paris est debout, prêt à repousser l'invasion. En d'autres termes, c'était l'excitation de Paris à l'aide de la province, et l'excitation de la province au moyen de Paris.

Le 7 octobre, M. Gambetta, ministre de l'intérieur, quitte Paris par la voie aérienne et se rend à Tours où, à côté des Crémieux et des Glais-Bizoin, il s'attribuera la qualité de ministre de la guerre.

Paris était enveloppé par deux cent mille Allemands disséminés sur tous les points d'une vaste circonférence. Mais, grâce à la rapidité de leurs mouvements, dès qu'une position était menacée, ils y massaient de nombreuses troupes.

Je vais rapidement faire le récit des opérations militaires qui eurent lieu sous les murs de Paris dans le courant du mois d'octobre 1870.

Le 7, les troupes du général Vinoy s'établirent dans le village de Cachan.

Le 8, une colonne, composée d'infanterie de marine et d'éclaireurs de la Seine, s'avance jusqu'à Bondy, mais ne peut se maintenir dans cette position que quelques instants.

Ce jour-là, marchent sur la Malmaison les troupes du général Ducrot, étonné de n'y trouver aucun Prussien.

Le 10, les troupes du général Blanchard se portent en avant du fort de Montrouge, pour inquiéter l'ennemi qui commence à menacer Cachan. Dans la matinée du 13, le général, à la tête de 12,000 hommes divisés en trois colonnes, s'avance dans la direction de Châtillon. La colonne de droite doit opérer sur Clamart; celle du centre sur Châtillon; celle de gauche sur Bagneux. Par des feux habilement combinés, les forts de Montrouge, de Vanves et d'Issy doivent appuyer le mouvement.

Clamart est remporté après quelques heures de combat. A Châtillon, nos soldats sont vivement repoussés. Le village de Bagneux est enlevé, mais on ne peut s'y maintenir. Nos forces étant insuffisantes pour résister aux masses prussiennes, il fallut battre en retraite après avoir fait l'inutile, le sanglant sacrifice de tant de Français couvrant et les champs et les routes de leurs cadavres mutilés.

Ce jour-là, à la nuit tombante, le palais de Saint-Cloud était la proie d'un vaste incendie allumé par les obus du Mont-Valérien qu'occupaient les troupes françaises croyant que cette ancienne demeure des rois servait d'observatoire à l'état-major allemand. Erreur à jamais déplorable! le château était inoccupé. En peu de temps, ce palais qui rappelait tant de souvenirs, qui renfermait tant de richesses artistiques fut complètement détruit par le canon français.

Le 21, eut lieu le combat de la Malmaison. Sous les ordres du général Ducrot, 10,000 hommes divisés en trois colonnes marchent sur Rueil, La Jonchère, Buzenval et Bougival.

Le château et le parc de la Malmaison sont par eux vigoureusement enlevés; et continuant leur marche, ils attaquent hardiment les hauteurs de La Jonchère où les Allemands sont fortement établis. Nos troupes, accueillies par d'épouvantables décharges, commencèrent alors à plier, et le général Ducrot dut, vers la fin du jour, ramener sous les murs de la capitale ses colonnes décimées et sans cesse poursuivies par le canon prussien. La nuit vint couvrir de ses ombres les cadavres des Français étendus sur le champ de bataille, lieu de désolation et d'horreur.

Dans la soirée de cette funeste journée, Paris était informé du combat de la Malmaison par ces mots : « *On se replie en bon ordre.* » Formule qui souvent sera répétée, formule terrible qui, dans sa concision, résumait tous les maux de la patrie.

Le 27 octobre, on lisait en tête du *Combat*, journal de M. Félix Pyat, *Le plan Bazaine* : « Fait vrai, sûr et certain, que le gouvernement de la Défense nationale retient par devers lui, comme un secret d'État, et que nous dénonçons à l'indignation de la France, comme une haute

5.

trahison. Le maréchal Bazaine a envoyé un colonel au camp du roi de Prusse pour traiter de la reddition de Metz et de la paix, au nom de Sa Majesté l'empereur Napoléon III. »

Cette nouvelle avait été communiquée par un des membres du gouvernement insurrectionnel, mais ce dernier s'empressa de la démentir en ces termes : « L'auteur de ces tristes calomnies n'a pas osé faire connaître son nom, il a signé le *Combat*. C'est à coup sûr le combat de la Prusse contre la France, car à défaut d'une balle qui aille au cœur du pays, il dirige contre ceux qui le défendent une double accusation aussi infâme qu'elle est fausse; il affirme que le gouvernement trompe le public, en lui cachant d'importantes nouvelles, et que le glorieux soldat de Metz déshonore son épée par une trahison. »

Et la foule toujours inconsciente, toujours le jouet des artifices des rhéteurs, ajoutant foi aux assertions du gouvernement insurrectionnel se porte menaçante aux bureaux du journal le *Combat*.

Dans la nuit du 27 au 28 octobre, les volontaires de la Presse surprirent le Bourget abandonné par l'ennemi presque sans résistance. Deux bataillons de mobiles de la Seine, des troupes de ligne et quelques pièces d'artillerie y furent envoyés par le général de Bellemare, gouverneur de Saint-Denis, mais en nombre insuffisant. Le 30, les Prussiens attaquèrent le Bourget qui retomba en leur pouvoir, après une lutte sanglante. Les héroïques défenseurs du Bourget attendirent en vain des secours, presque tous, ils furent faits prisonniers ou tués pendant le combat.

Grande fut l'irritation dans Paris. Pourquoi, disait-on, n'a-t-on pas envoyé des renforts aux défenseurs du Bourget qu'on a laissé massacrer. Au milieu de cette effervescence, le gouvernement insurrectionnel, se trouvant dans l'impossibilité de cacher plus longtemps la nouvelle de la capitulation de Metz, fit publier la déclaration suivante : » Le gouvernement vient d'apprendre la douloureuse nouvelle de la reddition de Metz. Le maréchal Bazaine et son armée ont dû se rendre après d'héroïques efforts que le manque de vivres et de munitions ne leur permettait plus de continuer. Ils sont prisonniers de guerre. Cette cruelle issue d'une lutte de près de trois mois causera dans toute la France une profonde et pénible émotion. Mais elle n'abattra pas notre courage. Pleine de reconnaissance pour les braves soldats, pour la généreuse population qui ont combattu pied à pied pour la patrie, la ville de Paris voudra être digne d'eux. Elle sera soutenue par leur exemple et par l'espoir de les venger. »

A la lecture de cette déclaration, le peuple tant de fois trompé, ne peut enfin contenir son indignation qu'il exhale en plaintes amères et en menaces. Le gouvernement insurrectionnel, disait-on, n'ignorait pas la nouvelle de la capitulation de Metz alors qu'il la démentait avec tant de hauteur, avec tant d'impudence.

A côté de cette accusation bien fondée venait se placer un profond désespoir causé par la malheureuse affaire du Bourget dont nos soldats s'étaient emparés, mais qu'on avait laissé écraser par l'ennemi, en ne leur envoyant pas de renforts pour les soutenir.

Pour calmer l'irritation devenue générale, le gouvernement insurrectionnel déclare que des élections municipales auront lieu le 1er novembre.

En dépit de cette promesse qui, d'ailleurs, ne devait pas être tenue, des groupes menaçants se forment sur la place de Grèves, et envahissent tumultueusement l'Hôtel de Ville. Ce jour-là, le peuple eut un éclair de raison : il refusa d'entendre plus longtemps la voix trompeuse des membres du gouvernement insurrectionnel. C'est en vain que le général Trochu veut encore essayer le funeste empire de sa parole sur la foule animée qui l'entoure et le poursuit de ses invectives : « A bas Trochu, ce traître qui a fait massacrer nos frères, et qui veut nous faire anéantir *partiellement* par les Prussiens! Vive la Commune! »

Les membres du gouvernement insurrectionnel sont faits prisonniers par M. Flourens, descendu de Belleville avec ses bataillons. Le général Trochu cependant, à la faveur du tumulte, était parvenu à s'échapper de l'Hôtel de Ville. Blottis dans l'embrasure des fenêtres, les membres du gouvernement insurrectionnel n'osent faire le moindre mouvement; leurs faces livides révèlent les frayeurs qui les assiègent. « Il faut les conduire à Mazas, il faut les fusiller, qu'on en finisse » dit-on, de toutes parts.

On propose de nommer un nouveau gouvernement. A cet effet, des listes circulent.

La nuit était descendue sur la ville troublée par tant de bruit, par tant d'agitation. Des bataillons de la garde nationale dévoués aux membres du gouvernement insurrectionnel se dirigent vers l'Hôtel de Ville pour les délivrer.

Afin d'éviter un conflit sanglant, les membres du gouvernement insurrectionnel, par l'intermédiaire de M. Dorian et de M. Edmond Adam, préfet de police, négocient et obtiennent l'évacuation de l'Hôtel de Ville aux conditions suivantes : 1° Election immédiate pour la Commune et pour un gouvernement provisoire; 2° point de représailles, point de poursuites à l'occasion des faits accomplis dans la journée du 31 octobre.

On avait ainsi obtenu une solution pacifique. Vers trois heures du matin, tout rentra dans le calme.

Dès le lendemain, le gouvernement insurrectionnel qui, en l'absence de tout danger, avait retrouvé toute son audace, refusa de faire procéder à l'élection d'une Commune et d'un gouvernement provisoire. Pour se maintenir au pouvoir, il eut recours au procédé plébiscitaire, procédé contre lequel il s'était élevé sous l'Empire avec la dernière violence. La question sur laquelle les habitants de Paris étaient appelés à voter était ainsi posée : « La population de Paris maintient-elle, oui ou non, les pouvoirs du gouvernement de la Défense nationale? »

Aussitôt leurs émissaires se répandent dans la ville et annoncent que si on ne vote pas en faveur du gouvernement de la Défense nationale, Paris sera livré à l'anarchie, au pillage, que des mains criminelles porteront la torche incendiaire dans les propriétés, et que le sang coulera de toutes parts.

Et les soldats étrangers à la ville, et les mobiles venus des extrémités de la Bretagne, et les paisibles bourgeois de Paris qu'on a suffisamment médusés par d'horribles prophéties, vont au scrutin pour remplir les vœux du gouvernement insurrectionnel.

Deux jours après, c'est-à-dire le 5 novembre, le gouvernement insurrectionnel se contenta de faire procéder à l'élection des maires et des adjoints des arrondissements bien que, à la suite des événements du 31 octobre, il eût été convenu que la population de Paris serait appelée à élire sa municipalité.

Après cette double opération, les hommes du 4 Septembre, révolutionnaires, qui avaient profité de la présence des Prussiens sur le sol français pour renverser l'Empire, ne songèrent plus qu'à tirer vengeance des hommes qui, le 31 octobre, voulaient les faire descendre du pouvoir qu'ils avaient usurpé.

Au souvenir de leur puissance qui a été menacée, ils sont transportés de fureur. Des chefs de bataillon de la garde nationale sont révoqués. Une instruction est ouverte contre les auteurs de la journée du 31 octobre. Mais le préfet de police, M. Edmond Adam ne veut point se faire l'instrument des passions haineuses des membres du gouvernement insurrectionnel qui ont pris l'engagement de ne point rechercher ceux qui ont excité le mouvement du 31 octobre. Refusant de s'associer à des mesures que sa loyauté réprouve, M. Edmond Adam offre sa démission et quitte la préfecture de police. Il est remplacé par un avocat, nommé Cresson, qui lance des mandats d'amener. Vermorel, Vésinier, Félix Pyat, Tridon et d'autres qui furent arrêtés, comparurent devant un conseil de guerre qui les acquitta. Les membres qui composaient le conseil ne pouvaient que déclarer licite le fait d'avoir, le 31 octobre, attaqué un gouvernement qui n'avait d'autre légitimité que celle de l'insurrection victorieuse.

A la suite de ces événements, M. Rochefort ne voulut pas plus longtemps faire partie du gouvernement insurrectionnel. M. Jules Ferry fut nommé maire de Paris, et le général Clément Thomas fut appelé au commandement de la garde nationale en remplacement du général Tamisier.

M. Thiers venait de parcourir toute l'Europe. Vainement il avait sollicité en faveur de la France l'intervention des cabinets de Londres, de Saint-Pétersbourg, de Vienne et de Florence. La stérilité de ses démarches ne fit qu'ajouter de nouvelles humiliations à la patrie.

Les quatre grandes puissances neutres, l'Angleterre, la Russie, l'Autriche et l'Italie appuyèrent auprès du gouvernement allemand la proposition d'armistice que M. Thiers était chargé de lui soumettre. Dans cette circonstance, la médiation des puissances était sans utilité pour la France, puisque M. de Bismarck s'était toujours montré disposé à la cessation de la guerre, témoin à Ferrière son entrevue avec M. Jules Favre, à la suite de laquelle il offrit la paix moyennant la cession de Strasbourg et de sa banlieue.

Quoi qu'il en soit, M. Thiers se rendit à Versailles pour négocier un armistice accordant la faculté d'élire une Assemblée nationale avec laquelle l'Allemagne pût conclure un traité de paix.

Un armistice de vingt-cinq jours fut accordé, sans ravitaillement. Espérant qu'une Assemblée nationale l'investirait du pouvoir suprême, M. Thiers vint à Sèvres rendre compte de sa mission à M. Jules Favre et au général Ducrot, et les engagea vivement à accepter la proposition d'armistice faite par M. de Bismarck.

« Si j'ai un conseil à vous donner, dit M. Thiers, acceptez l'armistice, même sans ravitaillement, afin de pouvoir convoquer une Assemblée dans le plus bref délai ; et à l'aide de cette Assemblée d'arriver à traiter des conditions de la paix. *Aujourd'hui la paix vous coûtera l'Alsace et deux milliards.* »

Il ajouta que la continuation de la lutte, en même temps qu'elle aggraverait les maux de la patrie, encouragerait les Prussiens à de nouvelles exigences.

Le 5 novembre, la population de Paris lit un

manifeste dont la conclusion était : « La Prusse a expressément repoussé la condition du ravitaillement. Le gouvernement de la Défense nationale a décidé, à l'unanimité, que l'armistice ainsi compris devait être repoussé. »

Ainsi, de par la volonté des membres du gouvernement insurrectionnel, la lutte allait continuer sans trêve ni merci, plus sanglante, plus horrible que jamais.

CHAPITRE IV

La délégation de Tours. — Formation du 15ᵉ corps. — Arrivée de M. Gambetta à Tours; il s'oppose aux élections et se nomme ministre de la guerre. — Dans une proclamation, il indique les moyens de vaincre les Prussiens. — Le 15ᵉ corps est battu à Arthenay. — Prise d'Orléans. — Destitution du général La Motterouge remplacé par le général d'Aurelle de Paladines. — Exécutions au camp de Salbris. — Lyon, Marseille, Toulouse. — Dépêche du général Trochu. — Le général d'Aurelle de Paladines à Blois. — Le général Uhrich. — Arrivée des fuyards de Wœrth et de Reischshoffen à Strasbourg. — Siège de cette ville. — Occupation de Strasbourg par les Prussiens. — Le maréchal Bazaine. — L'armée du Rhin essaie d'opérer sa jonction avec l'armée de Châlons. — Combat de Borny. — Bataille de Gravelotte. — Retour de l'armée du Rhin sous les murs de Metz. — Bataille de Saint-Privat. — Conseil de guerre à la ferme de Grimont. — Arrivée de M. Régnier à Metz, son entrevue avec le maréchal Bazaine. — Le général Boyer quitte Metz pour se rendre auprès de M. de Bismarck. — Les généraux de l'armée du Rhin se croient toujours liés par le serment qu'ils ont prêté à l'empereur. — Le général Boyer à Chislehurst auprès de l'impératrice. — Capitulation de l'armée du Rhin.

Vers le milieu du mois de septembre s'installait à Tours la délégation du gouvernement insurrectionnel composée de MM. Crémieux, Glais-Bizoin et l'amiral Fourichon.

M. Crémieux, vieillard dont les facultés intellectuelles s'étaient considérablement affaiblies, voulait, à l'exclusion de ses deux collègues, s'occuper spécialement des choses de la guerre. Dans sa déposition devant la commission d'enquête, M. le général Lefort dit que M. Crémieux se promenait fréquemment dans les rues de Tours, causait des événements, puis disait à l'un de ses interlocuteurs : « Seriez-vous capable de commander une armée? N'avez-vous pas un plan, une idée militaire quelconque? Nous ferons de vous n'importe quoi. »

M. Glais-Bizoin était un vieux parlementaire facétieux, effronté, sans consistance aucune. « Il portait, dit le général d'Aurelle de Paladines, un veston rouge, couleur solférino ; un caleçon de flanelle et des pantoufles. Il recevait officiellement les généraux dans ce costume. »

L'amiral Fourichon qui commandait l'escadre d'évolution dans la Méditerranée lors de la déclaration de guerre, fut nommé ministre de la marine par les hommes du 4 Septembre. Montrant une incapacité qui n'était égalée que par celle des Crémieux et des Glais-Bizoin, il fut sans utilité pour la défense, l'administration de la marine étant en quelque sorte annihilée dans ses mains débiles.

Il y avait, comme adjoint à la délégation, M. Clément Laurier, financier à grandes vues qui devait par l'emprunt se charger d'alimenter le tonneau des Danaïdes, c'est-à-dire la caisse de la délégation de Tours.

Le général Lefort, qui remplissait auprès de la délégation de hautes fonctions militaires, dit qu'il fut obligé de se retirer pour ne point s'associer à *certains tripotages*.

Dans le courant du mois de septembre, la délégation forma avec les troupes d'Afrique et les bataillons de mobiles le 15ᵉ corps, s'élevant à vingt mille homme placés sous les ordres du général La Motterouge, qui les dirigea sur la Loire en vue de garder la position d'Orléans, puis de marcher au secours de Paris lorsque le moment serait venu. Les défilés des Vosges étaient gardés par le général Cambriels à la tête d'un petit corps d'armée. Le 29 septembre, par décret de la délégation, tous les Français de vingt et un à quarante ans, non mariés ou veufs sans enfants, sont appelés à marcher à l'ennemi.

Ainsi des hommes, qui pour la plupart ignoraient les premiers éléments de la science militaire, étaient, sans préparation aucune, placés devant les puissantes armées de l'Allemagne renversant tout sous leur passage.

M. Gambetta arriva à Tours le 9 octobre, après s'être nommé ministre de l'intérieur et ministre de la guerre ; il fit aussitôt rapporter le décret de la délégation qui avait convoqué les électeurs pour la nomination d'une Assemblée nationale. Voulant disposer de toutes les ressources de la France sans aucun contrôle, M. Gambetta dut naturellement s'opposer aux élections. Il avait auprès de lui M. de Freycinet, en qualité de secrétaire. Avec la collaboration de ce dernier, il publie une proclamation qui se termine ainsi : « Il faut secouer la torpeur des campagnes..... multiplier la guerre de partisans, et à un ennemi fécond en embûches, opposer des pièges, surprendre ses derrières, et enfin inaugurer la guerre nationale.

« Le ciel lui-même cessera d'être clément pour nos adversaires ; les pluies d'automne viendront, et, contenus, retenus par la capitale, les Prussiens si éloignés de chez eux, inquiétés, troublés, pourchassés par nos populations réveillées, seront décimés pièce à pièce par nos armées, par la faim, par la nature. »

Pour repousser les Prussiens, M. Gambetta, ministre de la guerre, indique des moyens dont l'extravagance est manifeste. Pour vaincre l'ennemi, dit M. Gambetta : « Arrière la *vieille routine* des généraux de l'Empire, il faut opposer des pièges à l'ennemi, surprendre ses derrières, et les Prussiens inquiétés, troublés, pourchassés par nos populations réveillées, seront décimés pièce à pièce..... »

O douleur! ô humiliation! des généraux français vont recevoir et exécuter les ordres de M. Gambetta, auteur de cette proclamation, témoignage irrécusable de ses conceptions aussi orgueilleuses qu'elles étaient insensées.

A l'avenir, c'est M. Gambetta, aventurier italien devenu français par la naturalisation, qui tracera des plans de campagne, donnera des leçons de stratégie à nos généraux, et rendra des décrets ouvrant la marche vers la mort à des milliers de Français.

Pour empêcher la concentration des troupes qui se faisait sur les bords de la Loire, les Prussiens dirigèrent de ce côté des forces considérables. Le général Von der Thann, commandant du premier corps bavarois, reçut l'ordre de se porter rapidement sur Orléans et de s'en emparer. Le 10 octobre, à Arthenay (chef-lieu de canton à 20 kilomètres nord d'Orléans), il rencontra le 15e corps qui, placé sous les ordres du général La Motterouge, dut après une vive résistance se replier au milieu d'un effroyable désordre dans la forêt voisine. Continuant leur marche en avant, les Bavarois sont, le lendemain, aux portes d'Orléans, ville ouverte et défendue seulement par quelques régiments isolés; prompts à l'attaque, ils lancent leurs obus sur les maisons du faubourg Bannier que l'incendie dévore, et pénètrent, avant le déclin du jour, dans la ville dont ils se sont rendus maîtres après l'avoir couverte de ruines.

A la suite de cette déroute, M. Gambetta, devenu subitement homme de guerre, fixant la stratégie des opérations, déclara qu'il fallait sans retard exclure de l'armée les généraux à *vieille routine*, et destitua de son commandement le général La Motterouge laissé sans emploi jusqu'à la fin de la guerre. Cependant la Crimée et l'Italie conservaient le souvenir de ce général qui y avait glorieusement combattu et déployé d'incontestables talents militaires.

Il fut remplacé par le général d'Aurelle de Paladines, qui recueillit les débris du 15ᵉ corps à Salbris (chef-lieu de canton, Loir-et-Cher, à 26 kilomètres de Romorantin, sur la rive gauche de la Sauldre). Là il forma un camp retranché où successivement vinrent s'établir des détachements envoyés par la délégation de Tours en vue de former l'armée de la Loire. La plupart des hommes qui arrivaient au camp, étonnés du désordre qu'ils voyaient, étrangers au métier des armes et d'ailleurs bien convaincus de la stérilité d'une lutte dont l'issue serait leur extermination, se répandaient en plaintes amères contre les usurpateurs qui les arrachaient à leurs familles pour les vouer à une mort certaine. Quelques-uns d'entre eux disaient à leurs camarades : « Qui sont-ils, ces hommes, pour disposer de nous? Ne veulent-ils pas faire de nous une matière propre à satisfaire leur ambition comme à élever leur fortune? »

Ces légitimes protestations sont immédiatement étouffées. Un grand nombre de ces malheureux, placés devant un peloton d'exécution, tombent foudroyés pour s'être justement élevés contre la sauvage tyrannie qui alors ensanglantait la France. Dans son livre, *la Guerre en province*, M. de Freycinet écrit, au sujet de ces assassinats : « Ces pénibles leçons parurent indispensables pour la reconstitution de l'armée. »

Plus tard le général d'Aurelle de Paladines appelé, lui aussi, général à *vieille routine* et privé de son commandement, écrira qu'il ne veut, à l'avenir, accepter de fonctions que d'un *gouvernement régulier*, « dont le premier acte sera de faire passer en conseil de guerre *les ambitieux et les incapables qui ont perdu la France*. »

Contrairement aux vœux ardents du général d'Aurelle de Paladines, les ambitieux et les incapables qui ont perdu la France, c'est-à-dire les Gambetta, les Freycinet et leurs complices, n'ont pas été traduits devant un conseil de guerre. Et c'était au nom de ces ambitieux et de ces incapables, au nom et par ordre de cette bande d'usurpateurs qu'au camp de Salbris on avait commis tant d'assassinats appelés de *pénibles leçons*, plongé tant de familles dans le deuil, et enlevé leur appui naturel à tant de vieillards qui pleurent encore leurs enfants, leurs enfants massacrés.

Placé sous les ordres du général Pourcet, le 16ᵉ corps, en voie de formation, occupait en avant de Blois la forêt de Marchenoir.

A Chartres, le général Boyer quitte précipitamment la ville avec ses troupes, effrayées qu'elles sont par la grandeur de nos désastres et par l'annonce de l'arrivée des Prussiens.

De graves dissidences existaient à Lyon entre les autorités civiles et militaires. Le général Mazure, qui commande la place de Lyon, refuse de reconnaître la souveraineté du préfet M. Challemel-Lacour qui le destitue et le fait jeter dans un cachot.

M. Esquiros, préfet de Marseille, offre sa démission en déclarant qu'il est obligé de se retirer devant *l'insuffisance et la lâcheté* des membres de la délégation de Tours. De son côté M. Duportal, préfet de Toulouse, leur écrit : « Vous me demandez ma démission, que celui d'entre vous qui a fait un jour de prison pour la République vienne la chercher. »

Dans le Midi, des confédérations se forment qui, agissant pour leur propre compte, refusent de se soumettre à l'autorité des usurpateurs de

Tours. Au milieu de cet effroyable désordre un décret de la délégation place les troupes sous les ordres de quatre généraux : de Bourbaki à Lille, de Fiereck au Mans, de Polhès à Bourges, de Cambriels à Besançon.

A ce moment, les membres de la délégation se livraient à l'examen du plan Trochu, suivant lequel il fallait envoyer des troupes vers Rouen et, après leur avoir fait traverser la Seine en cet endroit, les ramener par la rive droite sous les murs d... ... Sur ces entrefaites, M. Jules Favre ann... ... ar une dépêche expédiée par ballon que, ... ; le 6 novembre, le général Trochu, espérant opérer sa jonction avec l'armée de la Loire, « serait en mesure de passer sur le corps de l'ennemi ».

Ainsi, d'après l'avis du général Trochu se faisant fort de percer la ligne d'investissement pour rejoindre l'armée de la Loire, la délégation donna l'ordre au général d'Aurelle de Paladines de se porter du camp de Salbris à Blois, où il se réunirait au 16ᵉ corps pour de là marcher sur Orléans et continuer son mouvement dans la direction de la capitale.

Arrivé à Blois, le général d'Aurelle de Paladines refuse d'aller plus avant. Il était ému, le général, en voyant ses troupes dont l'équipement était défectueux, la nourriture mauvaise et insuffisante. Il hésitait à faire marcher des soldats sans chaussures. D'ailleurs, il n'ajoutait pas foi aux paroles emphatiques du général Trochu promettant de rejoindre l'armée de la Loire « en passant sur le corps de l'ennemi ». Et puis, ce que le général d'Aurelle de Paladines redoutait par-dessus tout, c'étaient les projets extravagants des membres de la délégation qu'il appelait publiquement des *aventuriers*.

Du côté de l'Est, les événements s'étaient précipités. Lors de la déclaration de guerre, le général Uhrich fut nommé commandant supérieur de la place de Strasbourg où il ne trouva qu'une faible garnison et une artillerie insuffisante pour l'armement des remparts. Grâce à son ardente initiative, la plus grande activité règne dans la ville qu'il fait sans retard mettre en état de défense. On est occupé à dégager les glacis, à ouvrir les écluses pour remplir les fossés, lorsque tout à coup, dans le lointain, on aperçoit des masses confuses se hâtant vers Strasbourg. Soldats de la ligne, chasseurs à pied, artilleurs, turcos, fuyards de Wœrth et de Reischshoffen se précipitent dans la ville où ils portent l'épouvante par les peintures effroyables qu'ils font de la journée du 6 août.

Par la défaite de Wœrth, les routes de l'Alsace avaient été ouvertes aux Prussiens qui, le 12 août, campèrent devant Strasbourg que le général Werder somma vainement de se rendre.

Les Prussiens établissent leurs batteries sur la rive droite du Rhin près de Kehl, et commencent le bombardement de la citadelle. Quels jours, quelles nuits d'angoisses pour cette malheureuse cité ! Les femmes et les enfants se réfugient dans les caves, et les hommes, que la vue du danger animent d'un nouveau courage, combattent vigoureusement les incendies qui éclatent sur tous les points de la ville.

Avec ses deux cent mille volumes, ses livres rares, ses incunables, ses manuscrits, la bibliothèque est réduite en cendres. Quel affreux spectacle que celui de Strasbourg, objet d'une éternelle pitié, pendant les trente-huit jours de siège que cette malheureuse ville eut à soutenir : le retentissement du canon, les maisons qui s'écroulent ou deviennent la proie de l'incendie, les habitants enflammés d'ardeur par les sauvages excitations de la lutte, ou glacés d'effroi à la vue des maux sans nom qui les accablent, les cris plaintifs des blessés demandant des secours, les cadavres que la mitraille a mutilés et qui sont là, attendant la sépulture.

Au bastion 11, la brèche s'ouvrait sur une largeur de 30 mètres par où l'ennemi espérait pénétrer dans le corps de la place. Obligés d'évacuer la lunette 53 que l'ennemi occupa aussitôt, les soldats abandonnèrent également peu après la lunette 52. Après la perte de ces

6.

deux ouvrages avancés. Strasbourg, malgré l vaillance de la garnison et l'intrépidité du géné ral Uhrich, Strasbourg allait bientôt tomber a pouvoir des Prussiens. Dans la journée d 27 septembre, deux cents pièces de gros calibr ouvrent sur la ville un feu épouvantable. Ver cinq heures du soir, le général Uhrich est inform´ par le directeur des fortifications et le chef du génie qu'une brèche étant praticable, l'ennemi peut y aller à l'assaut le soir même.

Après avoir longuement délibéré, le conseil de défense reconnut à l'unanimité que, en présence des ravages du bombardement et du danger d'un assaut immédiat, le moment de capituler était venu, et qu'il fallait sans plus tarder faire arborer le drapeau blanc, signal de la reddition de la place.

L'ennemi occupa Strasbourg le 29 septembre. six cents maisons étaient détruites, vingt-cinq mille personnes sans asile, souffrant la faim, erraient au milieu des décombres. Des quinze mille hommes composant la garnison, trois mille avaient été tués; quatre cents habitants de Strasbourg avaient été frappés à mort, soit dans leurs demeures en flammes, soit dans les rues de la ville.

Le conseil d'enquête chargé de statuer sur les capitulations, a déclaré que le général Uhrich avait manqué aux prescriptions de l'article 254 du décret du 13 octobre 1863, qui n'admet de capitulation qu'après avoir soutenu un ou plusieurs assauts au corps de la place.

Le général Uhrich qui, dans ces terribles circonstances, avait fait tout ce que lui prescrivait le devoir et l'honneur, a répondu : « La situation s'était beaucoup aggravée par la perte de trente-cinq mille fusées métalliques incendiées avec l'arsenal de la citadelle. Malgré cela, nous aurions pu tenir tant que le corps de la place eût été intact ; mais, dans les derniers jours, les travaux d'approche de l'ennemi prirent une rapidité extraordinaire, il couronna nos chemins couverts, se fit des abris blindés pour protéger les troupes destinées à livrer l'assaut, ouvrit deux brèches, l'une au bastion 12, praticable l'autre au bastion 11, que deux heures de feu allaient rendre praticable. L'assaut était impossibl à soutenir par nous. Les remparts et tous le abords foudroyés par la puissante artilleri ennemie n'eussent pas été tenables pour le défenseurs de la brèche, qui, en moins d'un demi-heure, eussent été anéantis, et l'enne mi fi monté à l'assaut sans coup férir. Devions-nou. devais-je plutôt, exposer la malheureuse vill de Strasbourg, qui déjà avait tant souffert, au horreurs d'une ville prise d'assaut, alors qu nous n'avions pas une seule chance favorab pour la résistance? Mon conseil de défense le pensa pas, et certes celui-là est inattaquable au point de vue de l'énergie ; consulté par moi et après une longue délibération il déclara à l'unanimité : 1° que l'assaut ne pouvait pas être supporté avec des chances de succès ; 2° que le moment était venu de capituler. »

Après leur double victoire de Forbach et de Fræschviller, les Prussiens se précipitent sur Metz, en vue d'empêcher l'armée du Rhin de rejoindre celle de Châlons. Le maréchal Bazaine, investi le 12 août du commandement supérieur de l'armée du Rhin, reçut aussitôt de l'empereur l'ordre de commencer son mouvement de retraite sur Châlons. Sans retard, il quitta Metz et prit la route de Verdun pour se rendre à Châlons, lorsque, soudainement, son arrière-garde fut, avant d'avoir traversé la Moselle, assaillie par les Prussiens au village de Borny. Les attaques furieuses de l'ennemi furent partout repoussées par nos troupes, qui, ce jour-là, conservèrent leurs positions. Quatre mille Français avaient perdu la vie dans ce combat, et le maréchal Bazaine se trouvait pendant quelques heures arrêté dans son mouvement de retraite, tandis que le prince Frédéric-Charles, de son côté, se dirigeait rapidement sur Rezonville, où il espérait livrer bataille à l'armée du Rhin.

Dans la nuit du 14 au 15, l'armée du maréchal Bazaine franchit la Moselle, puis continua sa marche sur Verdun en longeant les routes d'Étain et de Mars-la-Tour; mais dans la matinée du 16, les Prussiens, au moyen d'un mouvement tournant, lui coupent la route de Verdun. A Gravelotte, les deux armées ennemies sont en présence. Une bataille, une bataille terrible est inévitable.

Vers neuf heures du matin, une division d'infanterie prussienne fond à l'improviste sur la brigade de cavalerie de Forton. Surpris par la violence de cette attaque, nos cavaliers se retirent en désordre et sèment l'épouvante dans le corps de Frossard, qui néanmoins reforme promptement ses lignes et soutient le combat avec une grande vigueur. Mais les Prussiens, protégés par une puissante artillerie, gagnent du terrain. A cette vue, le maréchal Bazaine donne au général Du Preuil l'ordre de les charger à la tête d'un régiment de cuirassiers de la garde. Les Prussiens sont refoulés. Le maréchal Bazaine, qui s'était porté en avant, fut enveloppé par la cavalerie ennemie, et ne dut son salut qu'à l'intrépidité de son escorte. Pendant une heure, le bruit de sa mort ou de son enlèvement se répandit de toutes parts.

Dans cette sanglante journée qui vit périr dix-sept mille Français, bien que nous eussions conservé toutes nos positions, les Prussiens n'en continuaient pas moins à intercepter la route de Metz à Verdun. Impossible pour nous d'avancer sans livrer de nouveaux combats. Le général Soleil, commandant de l'artillerie, informe le maréchal Bazaine que les munitions vont manquer. Les Prussiens, de leur côté, reçoivent continuellement des renforts. Dans cette situation, si le maréchal Bazaine eût persévéré dans la résolution de se diriger sur Verdun, son armée eût été infailliblement détruite ou jetée sur le territoire neutre de la Belgique.

Conformément aux ordres du maréchal Bazaine, l'armée du Rhin commence, dans la matinée du 17, son mouvement de retour sur Metz. Pour que les approvisionnements ne tombassent point entre les mains de l'ennemi, il fallut les livrer aux flammes. Dans la précipitation de la retraite, des blessés furent abandonnés qui eurent l'amère douleur de recevoir les soins de l'ennemi ou de rendre le dernier soupir loin de tout ce qui peut consoler en rappelant la patrie.

Les armées allemandes dont l'effectif s'augmente sans cesse occupent tous les environs de Metz. Le 19 août, au point du jour, cent quatre-vingt mille hommes d'infanterie, vingt-cinq mille cavaliers et sept cents pièces de canon s'ébranlent pour attaquer de nouveau l'armée française ne s'élevant pas au delà de cent vingt mille combattants.

Vers onze heures, de part et d'autre, le combat s'engage avec furie. Pour conserver ses communications avec Metz, le maréchal Bazaine avait développé sa ligne de bataille sur un front trop étendu ; aussi le 6ᵉ corps, formant notre droite que le maréchal Canrobert commandait, soutint-il tous les efforts de l'armée prussienne. Rejetés en arrière du champ de bataille, les Français abandonnent Saint-Privat à l'ennemi. Dans cette terrible journée, quinze mille Français furent mis hors de combat et deux mille laissés aux mains de l'ennemi. Vingt mille Allemands tués ou blessés gisaient dans les environs de Metz.

Le 19 août, le maréchal Bazaine annonçait par dépêche au maréchal de Mac-Mahon qu'il se disposait à le rejoindre en suivant la ligne des places du Nord, et qu'il le préviendrait de sa marche, si toutefois il pouvait l'entreprendre sans compromettre le salut de l'armée. Cette dépêche ne parvint pas au maréchal de Mac-Mahon, et depuis, des bruits calomnieux ont accusé le colonel Stoffel de l'avoir interceptée. D'ailleurs, à partir du 19 août, un échange de dépêches était sans utilité puisque l'armée du Rhin se trouvant étroitement bloquée dans Metz ne pouvait songer à rejoindre l'armée du maréchal de Mac-Mahon qui allait à Sedan s'abîmer dans une épouvantable défaite.

Le 26, le maréchal Bazaine opère la concentration de ses troupes sur la rive droite de la Moselle, et à deux heures, il réunit à la ferme de Grimont les commandants des divers corps pour les interroger sur la question de savoir s'il faut livrer de nouveaux combats ou s'immobiliser sous les murs de Metz. Le général Soleil déclare que le manque de munitions met l'armée dans l'impossibilité de marcher à l'ennemi, et que forcément il faut rester sous Metz; les autres chefs, Canrobert, Frossard, Ladmirault, Lebœuf, Bourbaki et Coffinières sont unanimes à reconnaître qu'il y aurait folie à vouloir quitter Metz pour se porter sur Verdun.

« L'armée devait rester sous Metz, a écrit le maréchal Bazaine, parce que sa présence maintenait devant elle plus de deux cent mille ennemis; parce qu'elle donnait ainsi à la France le temps d'organiser la résistance, aux armées en formation de se constituer, et parce que, en cas de retraite de l'ennemi, elle le harcèlerait si elle ne pouvait lui infliger de défaite définitive. »

Le 4 septembre, la nouvelle de la capitulation de l'armée de Châlons à Sedan et de la captivité de l'empereur se répand dans Metz où elle vient ôter à l'espérance ses dernière illusions. Le 10, le maréchal Bazaine assemble à son quartier général les chefs de corps et les généraux de division pour leur apprendre que l'Empire a été renversé par un gouvernement insurrectionnel qui vient de proclamer la République.

Les généraux eurent peine à croire que les *irréconciliables* eussent profité des malheurs qui frappaient la Patrie pour s'emparer violemment du pouvoir. Le maréchal Bazaine raconte en ces termes comment l'armée du Rhin accueillit la nouvelle du renversement de l'Empire :

« La nouvelle de la formation du gouvernement de la Défense nationale et de la proclamation de la République à Paris nous parvint par un prisonnier qui avait pu s'échapper d'Ars-sur-Moselle. La connaissance de ces événements produisit une pénible impression sur l'armée. On croyait à une manœuvre de l'ennemi pour influencer son moral, et généraux, officiers et soldats repoussaient comme invraisemblable une révolution éclatant pendant que l'ennemi foulait le sol de la France et que l'on combattait encore sur la frontière. Notre loyauté militaire ne pouvait croire que l'ambition des meneurs d'un parti politique fût capable de sacrifier les intérêts les plus sacrés du pays pour arriver au pouvoir convoité..... »

7

Par l'intermédiaire du prince Frédéric-Charles le maréchal Bazaine avait obtenu que le général Boyer se rendrait au quartier général du roi Guillaume pour régler les conditions d'un *arrangement*, lorsque, le 23 septembre, M. Régnier arrivait à Metz, en qualité de négociateur. Quel était cet homme? D'abord attaché à l'hôpital militaire de Lille, il fut ensuite employé en Algérie comme chirurgien auxiliaire. Marié à une Anglaise, il se trouvait sur le sol britannique lors de la déclaration de guerre. Le 13 septembre il se rend à Hastings où il a avec l'impératrice et le prince impérial un long entretien à la suite duquel le rétablissement de l'Empire est décidé. Muni d'une photographie qui, portant la signature du jeune prince, doit lui servir d'introduction auprès de M. de Bismarck, il se rend en toute hâte à Ferrières. Le 20 septembre, après avoir longuement conféré avec M. de Bismarck, M. Régnier part pour Metz. Porteur d'une lettre du prince Frédéric-Charles, il se présente aux avant-postes de l'armée française, et peu après il est admis auprès du maréchal Bazaine, au quartier du Ban-Saint-Martin.

Ils échangèrent leurs pensées et leurs vues, ces deux hommes : il s'agissait de fixer les destinées de la France. Ils arrêtèrent que l'armée du Rhin se rendrait sur un point du territoire à désigner, puis se mettrait à la disposition de l'impératrice afin qu'elle pût convoquer les Chambres et rétablir l'Empire.

Restait à obtenir l'assentiment de l'impératrice.

A cet effet, le général Bourbaki se rend auprès d'elle en Angleterre, mais, tout entière à la douleur qui l'oppresse, accablée sous le poids des événements terribles qui viennent de se produire, l'impératrice est insensible aux prières comme aux supplications du général, qui regagne précipitamment la France, et s'empresse d'offrir ses services aux membres de la délégation de Tours.

M. Régnier étant venu à Ferrières auprès de M. de Bismarck, celui-ci envoie à Metz le télégramme suivant : « Le maréchal Bazaine acceptera-t-il pour la reddition de l'armée qui se trouve devant Metz les conditions que stipulera M. Régnier restant dans les instructions qu'il tiendra de M. le maréchal? »

« Je ne saurais répondre, dit le maréchal Bazaine, d'une manière absolument affirmative à la question qui m'est faite par M. de Bismarck. Je ne connais nullement M. Régnier, qui s'est présenté à moi comme muni d'un laissez-passer de M. de Bismarck et qui s'est dit l'envoyé de S. M. l'impératrice, sans pouvoirs écrits. M. Régnier m'a fait savoir que j'étais autorisé à envoyer auprès de l'impératrice soit le maréchal Canrobert, soit le général Bourbaki. Il me demandait en même temps s'il pouvait exposer les conditions dans lesquelles il me serait possible d'entrer en négociations avec le commandant en chef de l'armée allemande devant Metz pour capituler. Je lui ai répondu que la seule chose que je puisse faire serait d'accepter une capitulation avec les honneurs de la guerre; mais que je ne pouvais comprendre la place de Metz dans les conventions à intervenir. »

Le 7 octobre, le général Coffinières fit savoir au maréchal Bazaine que, les vivres commençant à s'épuiser, dans peu de jours la famine allait sévir. Un conseil de guerre fut tenu le 10 octobre, à la suite duquel le général Boyer partit pour Versailles dans le but d'y obtenir une *convention* honorable.

Le général raconte qu'après avoir exposé l'objet de sa mission à M. de Bismarck, il lui dit que l'armée de Metz demandait non pas une capitulation, mais une *convention* militaire qui lui accorderait les honneurs de la guerre, c'est-à-dire la faculté de se retirer en emportant ses armes, son matériel et ses aigles.

« M. de Bismarck me déclara qu'il ne traiterait pas avec le gouvernement de la Défense nationale, *qu'il ne reconnaissait pas;* qu'il ne pouvait traiter avec l'empereur qui était prisonnier de guerre et qui avait déjà refusé de traiter à Sedan, mais qu'il pouvait traiter avec le gouvernement de la régente. — Avez-vous, ajouta-t-il, reconnu le gouvernement de la Défense nationale? — Non, lui répondis-je. Le gouvernement de la Défense nationale n'existe pas pour nous; nous avons prêté serment à l'empereur, nous resterons fidèles à notre serment jusqu'à ce que le pays en ait décidé autrement. »

« Le gouvernement de la régente, lui dit alors M. de Bismarck, étant le seul gouvernement régulier de la France, c'est le seul avec lequel nous puissions valablement traiter. »

De retour à Metz, le général Boyer fait connaître le résultat de son entrevue avec M. de Bismarck. Aussitôt les généraux se réunissent en conseil de guerre, et tous ils déclarent qu'ils se croient toujours *liés par le serment qu'ils ont prêté à l'empereur*, que la situation est désespérée, qu'une tentative contre l'armée prussienne serait aussi coupable qu'insensée, qu'en conséquence il y a lieu d'envoyer le général Boyer à l'impératrice pour la solliciter de conclure la paix avec l'ennemi et l'assurer du dévouement sans bornes de l'armée du Rhin.

Le général n'arriva à Chislehurst, où était l'impératrice, que le 22 octobre. Elle convoqua aussitôt MM. Rouher, de Persigny, Chevreau et de La Valette qui se trouvaient alors à Londres. Comme la paix ne pouvait point être obtenue sans une cession de territoire, il fut arrêté que l'impératrice, ne devait pas, dans ces conditions, signer les préliminaires d'un traité de paix.

Le 27 octobre, l'armée du Rhin capitulait. Une partie des forces que les Allemands avaient employées aux opérations du siège de Strasbourg et de Metz fut lancée sur Toul, Soissons, Schelestadt, Verdun, Rocroy, Montmédy et quelques autres places fortes dont la résistance alla se perdre dans les désastres de capitulations successives.

Bitche et Belfort restèrent seuls debout, invincibles jusqu'à la fin des hostilités.

Le 18 octobre, Châteaudun résista pendant près de huit heures au bombardement et aux attaques multipliées de l'ennemi. Deux cent trente-cinq maisons furent détruites, et la plupart des défenseurs de la ville étaient là, au pied des barricades, étendus sans vie. Le nombre de leurs cadavres révélait combien grande avait été l'ardeur du combat, où se fit remarquer au premier rang l'intrépide La Cécilia qui plus tard fut un des généraux de la Commune de Paris.

Les Prussiens s'avancèrent le 30 octobre jusqu'à Dijon pour s'en emparer. Vu le petit nombre d'hommes composant la garnison, le conseil de défense déclara toute résistance impossible; néanmoins un suprême effort fut tenté, effort du patriotisme aux abois, mais le bombardement portant l'incendie et ses ravages dans tous les quartiers de la ville, il fallut se hâter de se soumettre aux dures exigences de l'ennemi.

CHAPITRE V

Proclamation de M. Gambetta. — Démission du général Pourcet. — Bataille de Coulmiers. — Reprise d'Orléans. — Augmentation de l'effectif de l'armée de la Loire — Défaite de Beaune-la-Rolande. — Dépêche du général Trochu annonçant une grande sortie. — Proclamation mensongère portant que l'armée de Paris s'est emparée d'Épinay-sur-Orge, près de Longjumeau. — Victoire de Villepion. — Déroute de Loigny. — Orléans retombe au pouvoir des Prussiens. — Anéantissement de la première armée de la Loire. — Formation de l'armée de l'Est et de la seconde armée de la Loire. — Bataille de Beaugency. — La seconde armée de la Loire se replie sur Vendôme; bataille du Mans. — Fuite des mobilisés bretons. — Destruction de la seconde armée de la Loire. — L'armée du Nord. — Défaite du général Farre à Villers-Bretonneux. — Les Prussiens occupent Rouen. — Le général Faidherbe; combats de Bapaume et de Saint-Quentin. — L'armée de l'Est commandée par le général Bourbaki. — Victoire de Villersexel. — Retraite de l'armée de l'Est sur Besançon puis sur Pontarlier. — Tentative de suicide du général Bourbaki; il est remplacé par le général Clinchant. — M. Jules Favre sacrifie l'armée de l'Est. — Les membres de la délégation à Bordeaux. — Les camps régionaux, le camp de Conlie. — Dissolution des conseils généraux; suppression des journaux. — Expulsion du prince de Joinville. — MM. Laurier et de Germiny; l'emprunt Morgan. — La dévorante dictature de M. Gambetta et de ses auxiliaires prend fin par l'amnistie.

Le 30 octobre, M. Gambetta faisait connaître la capitulation de l'armée du Rhin, par une proclamation où il était dit : « Metz a capitulé. — Le maréchal Bazaine a trahi. — Et maintenant, Français, mesurez la profondeur de l'abîme où vous a précipité l'Empire. Vingt ans la France a subi ce pouvoir corrupteur qui tarissait en elle toutes les sources de la grandeur et de la vie. L'armée de la France, dépouillée de son caractère national, devenue sans le savoir un instrument de règne et de servitude est engloutie malgré l'héroïsme des soldats, par la trahison des chefs, dans les désastres de la patrie. Nous sommes prêts aux derniers sacrifices, et en face d'ennemis que tout favorise, nous jurons de ne jamais nous rendre; tant qu'il restera un pouce du sol sacré *sous nos semelles*, nous tiendrons ferme le glorieux drapeau de la Révolution française. Notre cause est celle de la justice et du droit, l'Europe le sait, l'Europe le sent. — Vive la République une et indivisible. »

Le général Pourcet, commandant du 16e corps, donna sa démission dès que M. Gambetta eut fait paraître cette proclamation conviant les soldats à la haine des généraux signalés comme des traîtres. Il fut remplacé par le général Chanzy.

Après la capitulation de Metz, il fallait s'attendre à voir le prince Frédéric-Charles se porter rapidement avec ses deux cent mille hommes sur les bords de la Loire. Aussi, le général d'Aurelle de Paladines, commandant du

7.

15ᵉ corps et qui, nous l'avons vu dans le chapitre précédent, stationnait à Blois avec le 16ᵉ, marcha en toute hâte sur Orléans.

L'armée de la Loire se trouva en présence de l'ennemi à Coulmiers, village situé à 21 kilomètres d'Orléans. Dès huit heures du matin, l'action s'engage sur toute la ligne qui s'étend de Bacon à Gémigny. Entre ces deux points se trouve Coulmiers que les Prussiens occupent après s'y être fortement retranchés. Maîtresse du champ de bataille vers cinq heures du soir, l'armée de la Loire s'empare de Coulmiers, puis continuant sa marche en avant reprend possession d'Orléans que les Prussiens venaient précipitamment d'abandonner. A la bataille de Coulmiers, les forces allemandes ne s'élevaient qu'à vingt mille hommes tandis que l'effectif de l'armée de la Loire était de soixante-dix mille combattants. Aussi, malgré l'éclatante victoire qu'ils avaient remportés, les généraux réunis en conseil ne reconnurent pas la possibilité de continuer leur mouvement en avant pour se porter au secours de la capitale investie. Orléans devint alors un camp retranché où s'établit l'armée de la Loire.

En exécution des décrets rendus par la délégation de Tours, l'effectif de l'armée fut considérablement augmenté. Trois nouveaux corps vinrent fortifier l'armée de la Loire qui, dès le

19 novembre, s'élevait à deux cent mille hommes divisés en cinq corps dont le général d'Aurelle de Paladines fut nommé commandant en chef. On confia au général Martin des Pallières le commandement du 15e corps, au général Chanzy, le 16e ; au général Sonis, le 17e ; au général Billot, le 18e ; au général Crouzat, le 20e.

Ce fut vainement que M. Gambetta essaya à plusieurs reprises de déterminer le général d'Aurelle de Paladines à marcher sur Paris pour en faire lever le siège.

Malgré la louable résistance que le général opposait aux folles témérités de M. Gambetta, ce dernier n'en résolut pas moins de prendre l'offensive avec une armée qui ne se composait que de recrues. En conséquence, le général d'Aurelle de Paladines ne conserve que le commandement du 15e et du 16e corps, tandis que les 17e, 18e et 20e passent sous la haute direction de M. Gambetta. Il fit aussitôt diriger sur Paris les 18e et 20e corps qui, le 28 novembre, rencontrèrent l'ennemi à Beaune-la-Rolande, chef-lieu de canton à 17 kilomètres de Pithiviers. Le général Crouzat, placé à la tête de ces deux corps d'armée, fit attaquer les Prussiens avec la plus grande impétuosité. La lutte durait depuis quelques heures et semblait devoir tourner à notre avantage lorsque le prince Frédéric-

Charles survenant avec la masse d'Allemands qu'il commandait, fit changer brusquement la face du combat. Assaillis de tous côtés, les Français durent battre en retraite devant les forces supérieures qui commençaient à les accabler.

La délégation était alors sans nouvelles du général Trochu qui avait promis de l'informer du jour où, *par une grande sortie*, il se disposerait à franchir les lignes prussiennes. La dépêche qui annonçait cet événement depuis longtemps désiré ne parvint à Tours que le 30 novembre, six jours après qu'elle avait été expédiée de Paris. La cause de ce retard fut que le ballon qui la portait avait atterri en Norvège. Le gouverneur de Paris faisait savoir que le général Ducrot devait, le 29 novembre, après avoir percé la ligne d'investissement, marcher dans la direction de Fontainebleau. Cette nouvelle si impatiemment attendue, M. Gambetta la communique aux généraux en leur enjoignant de diriger l'armée de la Loire sur Paris pour rejoindre les troupes du général Ducrot. M. Gambetta, plein de l'épouvantable souvenir de Beaune-la-Rolande où tant de Français ne durent la perte de la vie qu'à son ignorance présomptueuse, qu'à son orgueil indomptable, M. Gambetta écrivit au général Aurelle de Paladines : « J'avais dirigé jusqu'à hier les 18ᵉ et 20ᵉ corps, et, par moments, le 17ᵉ; je vous laisse ce soin désormais. »

Sur ces entrefaites, une dépêche venant de Paris annonce que le général Ducrot a, dans la journée du 30 novembre remporté sur les Prussiens une brillante victoire, et que les troupes de Paris se sont emparées d'Épinay.

Au sujet de ces événements, M. Gambetta, ne s'écartant pas en cette circonstance de ses habitudes, lance une proclamation dans laquelle la hâblerie et le mensonge prennent la place de la vérité, et qui se termine ainsi : « L'affaire a été rapportée à Paris par le général Trochu. Ce rapport, où l'on fait l'éloge de tous, ne passe sous silence que la grande part du général Trochu à l'action. *Ainsi faisait Turenne!*

» Cette même journée du 30, dans l'après-midi, a donné lieu à une pointe vigoureuse de de l'amiral La Roncière, toujours dans la direction de l'Hay et de Chevilly. *Il s'est avancé sur Longjumeau, et a enlevé les positions d'Épinay, au delà de Longjumeau,* positions retranchées des Prussiens qui nous ont laissé de nouveaux prisonniers et encore deux canons. »

L'armée de Paris s'était emparée d'Épinay, village du département de la Seine, au nord de Paris, à 3 kilomètres de Saint-Denis, et M. Gambetta disait aux Français, par lui odieusement trompés, que les troupes de la capitale, après avoir forcé les lignes prussiennes, s'étaient emparées d'Epinay-sur-Orge, village du département de Seine-et-Oise, au sud de Paris, à 4 kilomètres de Longjumeau, et qu'elles s'avançaient rapidement sur Fontainebleau.

Criminelle supercherie qui allait pousser follement à la résistance, faire courir au-devant de dangers stériles tant de malheureux que le froid, la faim, la neige ou les coups de l'ennemi allaient faire succomber.

Dans la matinée du 1er décembre, le général d'Aurelle de Paladines se met en marche avec les 15e, 16e, 18e et 20e corps. Au même instant, le général Faidherbe, commandant d'un corps d'armée à Lille, reçoit l'ordre de se joindre à l'armée de la Loire en vue de seconder le mouvement sur Paris. Le 1er décembre, le 16e corps, sous les ordres du général Chanzy, soutint brillamment, à Villepion, le choc formidable de l'ennemi, mais à Loigny, il fut vigoureusement repoussé, après avoir subi des pertes considérables.

Le général d'Aurelle de Paladines, commandant en chef, apprenant les résultats de cette désastreuse journée où sept mille Français couvraient le champ de bataille de leurs cadavres, ne songea plus qu'à se retirer précipitamment sur Orléans. Cette retraite ne s'exécuta qu'à travers les plus grands périls; à Patay, à Boulay, les troupes françaises furent mises en pleine déroute.

Le 4 décembre, Orléans fut de nouveau occupé par les Allemands qui s'emparèrent de l'immense matériel de guerre qui s'y trouvait. Les débris de l'armée de la Loire forment alors les éléments de deux armées dont l'une va devenir l'armée de l'Est, sous les ordres du général Bourbaki, et l'autre, la seconde armée de la Loire, sous le commandement du général Chanzy.

L'irréparable désastre de Loigny, qui amena l'anéantissement de la première armée de la Loire, avait pour cause directe l'ordre de marche sur Pithiviers et Fontainebleau, ordre que M. Gambetta avait prescrit en s'écartant des règles les plus élémentaires de la stratégie. « M. Gambetta, profondément irrité contre le général d'Aurelle de Paladines, qu'il accusait d'être l'auteur de la perte de la première armée de la Loire, lui enleva son commandement. De son côté, voici en substance ce qu'a écrit le général : M. Gambetta, avec son beau bagout, a trompé par tous les moyens cette malheureuse France qui lui livrait ses enfants et son or avec tant de générosité. Il promettait au peuple la victoire et la délivrance de la patrie, et à la nouvelle d'un revers causé par sa prodigieuse ignorance, il allait répétant partout que le général malheureux était un traître, un général vendu aux Prussiens. C'est ainsi que se trouvaient exposés aux fureurs d'une population en délire les généraux qui n'avaient d'autre tort que de suivre les instructions du ministre de la guerre. M. Gambetta..... »

Maîtres d'Orléans, les Prussiens s'avancent sur Vierzon, tandis que nos soldats prennent à la débandade la direction de Bourges. Cette retraite offrait un triste spectacle. Le froid était vif et une épaisse couche de neige couvrait les chemins. Les uns couverts de vêtements de toile et marchant nu-pieds, tombent de lassitude et rendent enfin leur dernier soupir après avoir prononcé d'horribles imprécations contre les auteurs de leurs maux. Leurs cadavres, que la neige recouvre, sont heurtés involontairement par le pied d'un camarade qui, lui aussi, quelques pas plus loin, tombera à son tour pour ne plus se relever. Les autres, essayant par la désertion de mettre un terme à leurs souffrances, s'enfuyaient dans les fermes et se dérobaient ainsi aux poursuites furieuses dont ils étaient l'objet.

L'armée fut réorganisée de la manière suivante : les 18e et 20e corps, formant l'armée qui devait opérer dans l'Est, furent placés sous les ordres du général Bourbaki; et les 16e, 17e et 21e corps, composant la seconde armée de la

Loire, eurent à leur tête le général Chanzy.

Le 8 décembre, les troupes du général Chanzy rencontrent les Prussiens près de Beaugency. L'action s'engage. Après une longue et opiniâtre résistance, les Français restent maîtres d'une partie du champ de bataille; mais par suite d'un ordre émanant de M. Gambetta, le nombre de nos morts et de nos blessés fut considérable, et les Allemands purent facilement s'emparer de Beaugency. Pénétré de la plus vive indignation, le général Chanzy lui envoie le télégramme suivant : « Les communications télégraphiques étant interrompues depuis quelques heures avec Beaugency, je viens seulement d'apprendre que le général Camò, contrairement aux ordres formels que je lui avais donnés et prétendant obéir à ceux que vous lui aviez adressés directement par un capitaine du génie envoyé de Tours, s'était retiré dans l'après-midi de Beaugency qui a été occupé à la nuit par une troupe mecklembourgeoise se glissant le long de la Loire. Je regrette vivement cet incident, qui a terni le succès de la journée. »

De son côté, le général Barry télégraphiait : « La colonne Camò est en pleine déroute. Je n'ai pas un homme, je n'ai pas de division. Pour n'être pas pris par l'ennemi, je me retire sur Blois.

Le général Chanzy dut se replier précipitamment sur Vendôme, où il ne put pas se maintenir. Poursuivi sans relâche par les Prussiens, il fut obligé de donner l'ordre de la retraite sur le Mans.

Le 10 janvier, les troupes réunies du prince Frédéric-Charles et du duc de Mecklembourg attaquent avec vigueur les approches du Mans. Le lendemain, une bataille fut livrée, qui devait avoir pour résultat la dispersion de l'armée du général Chanzy. Le combat fut acharné, mais, au déclin du jour, les Prussiens se portèrent en masse du côté de l'extrême droite de la ligne française, vers une position confiée à la garde des mobilisés bretons, récemment arrivés du camp de Conlie. Armés seulement de fusils à percussion, les Bretons, que le grondement du canon saisit d'épouvante, prennent la fuite dans toutes les directions et entraînent les troupes que la fatigue, la faim et le froid ont déjà fortement ébranlées. La voix des officiers est méconnue, des soldats se couchent dans la neige où, immobiles, ils attendent la mort avec une impassibilité stoïque. Le 12 janvier, l'armée du général Chanzy, après avoir traversé la Sarthe au Mans, se replie derrière la Mayenne, autour de Laval. L'effectif de l'armée était considérablement réduit, tant par la fréquence des désertions que par le nombre considérable des soldats qui tombèrent entre les mains de l'ennemi. En un mot, la seconde armée de la Loire n'existait plus.

L'armée du Nord, se composant du 22ᵉ corps, d'abord commandée par le général Bourbaki, ensuite par le général Farre, s'établit à Villers-Bretonneux, en avant d'Amiens, où se porta rapidement le général de Manteuffel qui venait de quitter Metz. Le 27 novembre, Prussiens et Français sont en présence. La lutte est vive, acharnée, mais c'est encore la fuite qui marque la fin de cette désastreuse journée; le général Farre, obligé de battre en retraite, dirige ses troupes en quatre colonnes sur Doulens, Arras, Albert et Bapaume. Après avoir pris possession d'Amiens, les Prussiens se portent à marche forcée sur Rouen. A la nouvelle de leur approche, le général Briand, qui commandait à Rouen, fit diriger en toute hâte ses forces vers Buchy, chef-lieu de canton à 28 kilomètres nord-est de la ville. Conduites au milieu du plus effroyable désordre, les troupes ne furent pas assez rapidement concentrées pour que toutes prissent part à la bataille. D'ailleurs, au premier sifflement des obus, les mobiles jettent leurs armes, et, glacés d'effroi, ils reviennent dans la ville de Rouen, où ils vont partout semer l'épouvante. Le 6 décembre, Rouen tombait au pouvoir des Allemands, tandis que les troupes du général

Briand s'enfuyaient à toutes jambes du côté du Havre.

Appelé d'Algérie, le général Faidherbe arriva à Lille le 3 décembre, pour prendre le commandement de l'armée du Nord, forte d'environ 40,000 hommes. De son armée, il fit deux corps : le 22e et le 23e. Il se dirige aussitôt sur Amiens, en vue d'en déloger l'ennemi, mais à Pont-Noyelle il est, après un combat aussi long que meurtrier, repoussé par les Prussiens et va camper entre les villes fortes d'Arras et de Douai.

Peu après, apprenant que les Prussiens ont investi Péronne, il marche au secours de cette ville. Le 3 janvier, il chassa l'ennemi des villages qu'il occupait devant Bapaume, chef-lieu de canton à 24 kilomètres d'Arras; mais sur ces entrefaites, la ville de Péronne ayant capitulé, le général Faidherbe dut alors se replier, et il alla prendre ses cantonnements en avant d'Arras.

C'est à ce moment que la délégation de Tours ordonne au général Faidherbe d'inquiéter constamment l'ennemi pour l'empêcher de porter toutes ses forces sous les murs de Paris, où *une grande sortie* doit être tentée. Il prend aussitôt la direction de Saint-Quentin. Le thermomètre était descendu au-dessous de 20°, et les chemins couverts de verglas rendaient la marche excessivement difficile. Ce fut dans la journée du 19 janvier que le général Faidherbe rencontra l'ennemi; il fut battu, et après avoir laissé huit mille soldats aux mains des Prussiens, il opéra promptement sa retraite et établit ses troupes dans les places fortes du Nord en attendant l'armistice.

Du côté de l'Est, l'armée des Vosges, placée sous le commandement du général Cambriels, s'était, depuis la prise de Dijon par les Allemands, étendue sur une ligne passant par Besançon, Dôle, Nuits et Autun. De Dôle, Garibaldi, ayant sous ses ordres un petit corps d'armée composé de gardes mobiles et d'Italiens, se transporte à Autun, tandis que le général Cremer, à la tête de sa division, se poste à Nuits (Côte-d'Or.)

Le 26 novembre, Garibaldi essaie de s'emparer de Dijon, mais il essuie une sanglante défaite, et ses troupes se replient en désordre sur Autun. De son côté, le général Cremer, attaqué dans la journée du 18 décembre, abandonne Nuits et se hâte vers Beaune.

La délégation jugea que le moment était venu de faire opérer dans l'Est l'armée du général Bourbaki, campée alors entre Vierzon et Bourges. Mais entre les compagnies de chemins de fer, les généraux et l'intendance, il y avait désaccord complet pour ce qui concernait le transport des troupes par voie ferrée. Par suite d'ordres contradictoires, les troupes du 18ᵉ et du 20ᵉ corps, parties de Bourges le 21 décembre, n'arrivèrent à Chagny (Saône-et-Loire) que le 29 du même mois. Quant au 15ᵉ corps, ce ne fut que douze jours après son départ qu'il débarqua entre Besançon et Montbéliard. Par l'adjonction de l'armée des Vosges, composée du 24ᵉ corps, et de la division Cremer, à celle du général Bourbaki, l'armée de l'Est comprenait les 15ᵉ, 18ᵉ 20ᵉ et 24ᵉ corps. A la nouvelle de l'arrivée du général Bourbaki, les Prussiens évacuent Dijon et se replient sur Vesoul.

Après plusieurs conseils de guerre tenus à Besançon, les généraux décidèrent que l'armée de l'Est devait hardiment attaquer le général Werder qui venait d'échelonner ses troupes de Vesoul à Villersexel. L'armée du général Bourbaki, s'élevant au nombre de cent quarante mille hommes, ne se composait que de recrues et de mobiles aussi mal armés que mal équipés, aussi mal vêtus que mal nourris. Le général prussien ne pouvait leur opposer que trente-cinq mille combattants. Grâce à la supériorité du nombre, le général Bourbaki se rendit maître de la position de Villersexel, chef-lieu de canton de la Haute-Saône. Continuant sa marche en avant, il arriva, dans la soirée du 14, devant Héricourt, où il se trouva en présence de quatre-vingt mille Allemands ; le lendemain, il commença l'attaque des lignes ennemies. Un témoin oculaire raconte que la nuit du 15 au 16 fit éprouver de cruelles souffrances à nos soldats stationnés sur des hauteurs : « Ce fut la plus rude nuit que nous ayons eue, et il serait impossible de donner la moindre idée de nos horribles souffrances....... Les Prussiens étaient distants de nos avant-postes de huit cents mètres seulement, et, nonobstant cette proximité et en opposition avec toutes les règles militaires, nous allumâmes des feux avec autant de fagots tous de bois vert que nous pûmes nous procurer. Autour de ces feux se confondaient sans distinction de rang, généraux, officiers et soldats, et jusqu'à des chevaux, également désireux de ne pas mourir de froid. Le thermomètre marquait 18° au-dessous de zéro; un fort vent aigu soufflait sur le plateau, chassant devant lui des nuages de neige, nous aveuglant et formant autour des hommes de petits tas dans lesquels ils enfonçaient jusqu'aux genoux. Assis sur nos havre-sacs, nous passâmes la nuit avec les pieds dans le feu, espérant ainsi conserver notre chaleur vitale... »

A cette peinture saisissante de la situation de nos soldats, il faut ajouter qu'un corps d'armée, celui du général Cremer, resta sans nourriture pendant plus de trente heures. Le combat se prolongea jusqu'au 18 janvier, mais ce jour-là, le général Bourbaki commençant son mouvement de retraite, rallia toutes ses troupes, moins celles du 24ᵉ corps, autour de Besançon, le 21 janvier. Apprenant que les Prussiens se rapprochent de cette ville, le général Bourbaki assemble un conseil de guerre qui décide que l'armée de l'Est continuera de battre en retraite dans la direction de Pontarlier. Dans la journée du 26, alors que les troupes s'ébranlent, un drame terrible allait s'accomplir. En proie au plus violent désespoir, le général Bourbaki se retire dans sa demeure. Il se rappelle avec douleur qu'après la stérilité de ses démarches auprès de l'impératrice, il eut la malheureuse inspiration d'aller offrir ses services au gouvernement insurrectionnel du 4 septembre. Quelle faute irréparable pour un homme dont le passé n'était pas sans éclat! Désormais, son nom sera avec celui des usurpateurs qui ont perdu la patrie, enveloppé dans les malédictions du peuple français. Elle revit en traits de feu dans son esprit l'image, l'affreuse image de ces champs de bataille de la Loire et des Vosges, où une génération entière a trouvé son tombeau. Ces pensées funèbres qui l'oppressent, ce n'est que par le sacrifice de sa vie qu'il peut les chasser.

Il se tire un coup de pistolet dans la tête, mais

la mort qu'il a si souvent affrontée devant l'ennemi, l'épargne encore une fois.

La gravité de sa blessure ne lui permettant pas d'exercer son commandement, il fut remplacé par le général Clinchant, et, le 28 janvier, l'armée de l'Est campait à Pontarlier. Le lendemain, par un télégramme de M. Jules Favre, l'armée de l'Est apprend avec une vive satisfaction qu'un armistice d'une durée de vingt et un jours vient d'être conclu. On déposa les armes. M. Jules Favre, agissant avec perfidie, avait caché au général Clinchant que l'armistice ne s'appliquait pas aux départements de la Côte-d'Or, du Doubs et du Jura. Sur la foi de la suspension d'armes annoncée, le général Clinchant s'établit en toute sécurité dans la ville de Pontarlier, lorsque soudainement il se vit sur le point d'être surpris et enveloppé par les Prussiens. Il prit aussitôt ses dispositions pour que son armée atteignit rapidement la Suisse, mais malgré l'activité qu'il déploya, les troupes de son extrême arrière-garde furent décimées. Dans l'espace compris entre Pontarlier et la frontière du côté de la Suisse, nos soldats gisaient inanimés, victimes d'une épouvantable machination. De ce qui précède, il résulte que M. Jules Favre s'est rendu coupable : 1° d'avoir excepté l'armée de l'Est des conditions de l'armistice; 2° d'avoir caché au général

Clinchant l'exclusion dont son armée était frappée.

Dans les conventions arrêtées entre M. Jules Favre et M. de Bismarck, l'article 1er dans son dernier paragraphe porte : « Les opérations militaires sur le terrain des départements du Doubs, du Jura et de la Côte-d'Or, ainsi que le siège de Belfort se continueront indépendamment de l'armistice jusqu'au moment où l'on se sera mis d'accord sur la ligne de démarcation dont le tracé à travers les trois départements mentionnés a été réservé à une entente ultérieure. »

M. Challemel-Lacour apprenant que l'armée de l'Est venait d'être sacrifiée, télégraphie : « Celui qui a consenti une pareille condition, quel que soit son nom, est un *misérable*. »

Fuyant l'invasion, les membres de la délégation avaient quitté la ville de Tours, et établi à Bordeaux le siège de leur domination. Les défaites successives que les troupes françaises venaient de subir ne portaient point le moindre découragement dans le cœur de ces hommes où jamais la voix de la pitié ne put se faire entendre. En réponse aux désastres de nos armées, ils rendent, à la date du 29 décembre, un décret obligeant à marcher à l'ennemi tous les hommes âgés de vingt à quarante ans. C'était une grande partie de la population française qu'ils allaient faire massacrer, si, par une louable résistance, on ne se fût opposé à l'exécution de cet abominable décret. Les hommes mariés refusant de se laisser incorporer, les membres de la délégation ne purent envoyer à la mort que les célibataires. Ainsi six cent mille hommes qui n'avaient reçu aucune instruction militaire, allaient être livrés en proie aux armées nombreuses, disciplinées et aguerries de l'Allemagne. Dans les campagnes, profond était le découragement; les francs-tireurs et les troupes n'y recevaient qu'un accueil glacial; les vivres brutalement refusés à nos soldats étaient ensuite offerts avec bienveillance aux Allemands regardés comme des libérateurs.

Depuis le décret sur la levée en masse, les habitants des campagnes, animés d'une haine profonde contre les membres de la délégation, offraient un asile impénétrable aux déserteurs qui voulaient se soustraire à la sanglante tyrannie de M. Gambetta et de ses auxiliaires. Sous prétexte de donner quelque instruction aux mobilisés, des camps régionaux furent établis; mais, en réalité, ces camps ne servirent qu'à occasionner des dépenses dissimulant le pillage auquel les finances du pays étaient alors honteusement livrées. M. Kératry fut investi, avec le titre de général de division, du commandement du camp de Conlies, chef-lieu de canton du département de la Sarthe. Mais il fut obligé de se retirer à la suite de dissidences graves qui éclatèrent entre lui et M. Gambetta, et les troupes du camp furent à peu près sans utilité pour la défense.

Dans les départements, on demandait avec les instances les plus vives qu'il fût procédé à des élections pour nommer une Assemblée nationale qui enlèverait à M. Gambetta la dévorante dictature qu'il faisait peser sur le pays. Sourd aux vœux de la nation, M. Gambetta rend, le 26 décembre, un décret portant : « Que les conseils généraux, constituant une représentation départementale en opposition complète avec l'esprit des institutions républicaines, sont dissous. » Pour étouffer les plaintes qui éclataient en tous lieux, pour que le murmure même ne vînt pas importuner les membres de la délégation, plusieurs journaux furent supprimés, par ce motif que, n'approuvant pas sans restriction les actes de M. Gambetta, ces journaux corrompus par les Prussiens trahissaient constamment la patrie.

M. Gambetta, informé que le prince de Joinville, troisième fils de Louis-Philippe, fait partie de la première armée de la Loire sous le nom du colonel Lutherod, M. Gambetta le fait immédiatement reconduire à la frontière. Quelle amertume pour le prince qui offrait alors généreusement sa vie pour défendre son pays, qui autrefois, dans la marine, s'était illustré en donnant de la gloire à la patrie ; quelle amertume, dis-je, pour cet homme, de se voir chassé de France par l'ordre de M. Gambetta, étranger qui n'avait d'autre titre que ses lettres de naturalisation.

Après avoir volatilisé les sommes énormes perçues illégalement sur les contribuables, après avoir dévoré toutes les ressources du pays, après avoir desséché la matière imposable, M. Gambetta dut recourir à l'emprunt. Le 25 octobre, la délégation de Tours fit paraître un décret autorisant l'émission d'un emprunt de deux cent cinquante millions. M. Clément Laurier, accompagné de M. de Germiny, son premier assistant, se rendit en Angleterre, en vue de réaliser cet emprunt par l'entremise de M. Morgan, banquier à Londres. Les négociateurs furent bientôt au comble de leurs vœux, mais des deux cent cinquante millions portant intérêt à 8 p. 100, ils ne firent entrer dans les caisses du Trésor que deux cent deux millions vingt-quatre mille sept cent soixante-dix francs. A la Cour des comptes demandant plus tard à M. Gambetta et à ses collaborateurs la justification de l'emploi des millions manquant, ceux-ci répondirent, avec une dignité calme et souveraine, qu'ils avaient dû, pour la négociation de l'emprunt, solder des frais de toute nature, payer des commissions *extra colossales* et que, d'ailleurs, le salut de la patrie ne leur ayant pas laissé le loisir de s'occuper des choses accessoires, si, dans cette circonstance, ils avaient *fait grand*, c'était purement et simplement dans l'intérêt de la France entière pour laquelle ils avaient toujours montré un inaltérable dévouement.

Au mois de janvier, c'est-à-dire au moment où le pays fléchissait sous le poids des désastres se succédant avec rapidité, où nos armées improvisées étaient dans un épuisement complet, M. Gambetta, à Bordeaux, se présente au balcon de l'hôtel de la Préfecture, et devant une population anxieuse qui veut la paix pour mettre un terme à ses maux, il s'écrie : « Qui n'aurait confiance dans le succès? Le gouvernement du 4 septembre a sauvé le pays, il a organisé la défense; quand nous aurons rempli notre tâche, qui est d'expulser l'étranger, nous descendrons du pouvoir. »

A ces mots annonçant un avenir plus terrible encore que le passé, la foule s'écoula, émue et silencieuse. Elle voulait la cessation de la guerre, et M. Gambetta lui disait qu'il fallait livrer de nouveaux combats. Les événements étaient impuissants à troubler cet homme. Quel orgueil que le sien! Peu de jours après;

lui, qui voulait détenir encore le pouvoir, au prix même de nouvelles hécatombes humaines, il apprend la conclusion de l'armistice ; irrité, l'œil en feu, il ne sait plus que balbutier : « Je reste muet devant une telle catastrophe. »

CHAPITRE VI

Travaux préparatoires du général Trochu. — Division des troupes de la capitale en trois armées. — Proclamation du général Ducrot. — Champigny et Créteil, Épinay près de Saint-Denis. — Le général Ducrot donne le signal de la retraite. — Dépêche de M. Gambetta. — Le général Trochu prend, pour une *grande sortie*, le commandement suprême de l'armée. — Stains, Drancy, Neuilly-sur-Marne. — Nouvelle déroute. — Mort du général Blaise à la Ville-Evrard. — Ballons et pigeons voyageurs; viande de cheval et pain noir. — Bombardement des forts; évacuation du plateau d'Avron. — Massacre de Buzenval. — Affaire du 22 janvier, la place de l'Hôtel-de-Ville est couverte de cadavres. — Le gouvernement insurrectionnel se décide à conclure un armistice. — M. de Bismarck ne veut entrer en négociation qu'avec l'Empire. Effroi de M. Jules Favre.

Par les sorties qu'il avait fait opérer dans le courant du mois d'octobre, le général Trochu n'avait obtenu que des résultats bien propres à porter le découragement dans l'armée de la capitale. Pour ranimer la confiance, le général déclarait que les combats livrés autour de Paris n'étaient que des travaux préparatoires, mais qu'il n'était pas éloigné le moment où les lignes prussiennes seraient forcées. Dans les premiers jours du mois de novembre, le général Trochu divise ses troupes en trois armées, dont la première, placée sous les ordres du général Clément Thomas, comprend la garde nationale; la deuxième, commandée par le général Ducrot, se compose de toutes les troupes de ligne, de plusieurs brigades de mobiles et d'une division de cavalerie; la troisième ayant à sa tête le général Vinoy, est formée de divers corps spéciaux, d'une division de cavalerie et des marins. De la garde nationale, on tire des compagnies formant des régiments de marche.

Des ponts de bateaux sont construits, des batteries fixes pour commander le cours de la Seine sont disposées, et le général Trochu donne l'ordre de concentrer une grande partie des forces de la capitale du côté de la presqu'île de Gennevilliers, lorsque, dans la journée du 14 novembre, au moment où l'action est près de s'engager, survient la nouvelle de la bataille de Coulmiers et de la reprise d'Orléans par l'armée de la Loire. En présence de ces événements, le général Trochu, renonçant à l'idée d'une sortie du côté de Gennevilliers, pour se porter dans la direction de Rouen, ne songe plus qu'à opérer au sud de Paris. Forcer les lignes ennemies, s'avancer vers Fontainebleau et rejoindre l'armée de la Loire, tels sont les ordres nouveaux, par lui prescrits aux chefs de corps.

Le 28 novembre, pour annoncer la *grande sortie* depuis longtemps projetée, le gouvernement insurrectionnel lance une proclamation se terminant en ces termes : « Quiconque fomenterait le moindre trouble dans la cité trahirait la cause de ses défenseurs et servirait celle de la Prusse. »

Ainsi, étaient signalés comme des serviteurs de la Prusse ceux qui faisaient éclater leur juste indignation contre ce gouvernement insurrectionnel qui, par sa prodigieuse incapacité, comme par sa criminelle ambition, avait déjà couvert la patrie de ruines et amoncelé cadavres sur cadavres.

De son côté, le général Ducrot, commandant de la 2ᵉ armée, adressait à ses troupes une proclamation dans laquelle il disait : « Pour moi, j'y suis bien résolu, j'en fais le serment devant vous, devant la nation tout entière : je ne rentrerai dans Paris que mort ou victorieux ; vous pourrez me voir tomber, mais vous ne me verrez pas reculer. »

Il revint dans la capitale, le général Ducrot, plein de vie, mais non victorieux.

Pour s'ouvrir la route de Fontainebleau, il fut décidé qu'on briserait la ligne de blocus entre Champigny et Créteil. Mais pour tromper l'ennemi et l'obliger à disséminer ses forces, on résolut d'attaquer simultanément plusieurs points autour de Paris. Dans la soirée du 28 novembre, les opérations commencent par une vive canonnade partie du Mont-Valérien et par le feu des batteries de mortiers et d'artillerie qui, établies non loin d'Argenteuil et de Bezons, foudroient les positions occupées par les Prussiens. Du côté du sud, le général Vinoy opère un mouvement en avant entre Thiais et la gare aux bœufs de Choisy-le-Roi.

L'ingénieur Ducros fut chargé d'établir des ponts de bateaux sur la Marne, afin que l'armée pût la traverser aux endroits désignés. Dans la nuit du 28 au 29 novembre, par lui, deux ponts sont jetés à l'ouverture du canal de Saint-Maur, et plus bas un troisième en vue de relier la presqu'île de Saint-Maur à Créteil. Par suite de l'incurie de M. l'ingénieur Ducros, ces ponts se trouvant trop courts, les troupes furent mises dans l'impossibilité d'effectuer le passage de la Marne au moment qui avait été fixé. Les conséquences de ce retard furent d'une gravité exceptionnelle; l'ennemi eut ainsi le temps de concentrer des forces considérables sur le théâtre de la lutte. Quant à M. l'ingénieur Ducros, il fut peu après nommé préfet du département du Rhône.

Le 30, aux premières lueurs du jour, nos soldats traversent la Marne et attaquent vigoureusement Champigny, qui tombe en leur pouvoir; mais au village de Villiers, ils reculent écrasés par des forces considérables. Au même moment, soutenue par de nombreux bataillons de la garde-nationale, la division Susbielle s'avance jusqu'à Mesly, mais elle en est vigoureusement repoussée et se replie précipitamment sur Créteil. Ce jour-là, le combat s'était en quelque sorte engagé dans le périmètre de la capitale. Au nord, le village d'Epinay, près de Saint-Denis, fut enlevé après une vive attaque des marins et du 1er bataillon des mobiles de la Seine, qui furent obligés d'abandonner leur conquête et de regagner en toute hâte leurs campements.

A Champigny, pendant la journée du 1er décembre, le canon cessa de gronder; on enleva les blessés, on donna la sépulture aux morts. Le 2 décembre, au point du jour, les positions occupées par le général Ducrot sont attaquées avec une vigueur extrême; nos troupes faiblissent, bien qu'elles soient appuyées par l'artillerie du plateau d'Avron, et par les batteries de Nogent, de la Faisanderie, de Gravelle, de Saint-Maur et de Charenton, qui par leurs coups répétés embrasaient l'atmosphère.

Le 4 décembre, l'ordre du jour suivant fut adressé par le général Ducrot à son armée : « Après deux jours de glorieux combats, je vous ai fait repasser la Marne parce que j'étais convaincu que de nouveaux efforts, dans une direction où l'ennemi avait eu le temps de concentrer toutes ses forces et de préparer tous ses moyens d'action, seraient stériles. En nous obstinant dans cette voie, je sacrifiais inutilement des milliers de braves, et, loin de servir l'œuvre de la délivrance, je la compromettais sérieusement ; je pouvais même vous conduire à un désastre irréparable... »

Le général Ducrot déclare qu'après avoir *sacrifié* inutilement des milliers de braves, il a dû donner le signal de la retraite. Ainsi, les auteurs mêmes du système désastreux de guerre *à outrance*, qui a prévalu durant cette sanglante période de notre histoire, avouent, vaincus qu'ils sont par l'ascendant de la vérité, que les malheureux qui ont alors succombé sur les champs de bataille ont été *sacrifiés inutilement*.

Les vivres s'épuisent ; la population frémit à la pensée qu'il s'approche, le jour inévitable du rationnement du pain. Pour calmer ces légitimes inquiétudes, le gouvernement insurrectionnel annonce, par la voie des affiches, qu'ayant le devoir de veiller à la subsistance de la population, il le remplira avec la plus grande vigilance, et qu'il est encore très éloigné le moment où les approvisionnements deviendraient insuffisants.

Cruel mensonge ! la famine avec son hideux cortège allait bientôt sévir dans Paris et y multiplier le nombre des décès.

Dans la matinée du 18 décembre, une dépêche de M. Gambetta annonce que, vu la situation respective des armées de Chanzy et de Bourbaki, la France ne tardera pas à être délivrée des Allemands. Aussitôt le général Trochu décide qu'il faut hâter les préparatifs *d'une grande sortie*. Le 20, une agitation extraordinaire règne dans Paris; on opère la concentration des troupes. Le général Trochu, ayant la haute ambition de refouler lui-même les Prussiens, prend le commandement suprême de l'armée.

Du côté de la Marne, les troupes d'opération seront commandées par le général Vinoy; à Drancy, par le général Ducrot. Dans la matinée du lendemain, le canon gronde. Les mobiles de la Seine attaquent Stains, mais une vive fusillade arrête leur marche en avant, ils se replient et sont définitivement rejetés dans leurs lignes. S'élançant impétueusement sur le Bourget, nos troupes ne peuvent s'emparer que des premières maisons. Alors s'avance notre artillerie de réserve, ouvrant un feu terrible pour en déloger l'ennemi. La lutte fut vive; à Drancy, elle fut acharnée. Neuilly-sur-Marne, abandonné depuis quelques jours par les Prussiens, est occupé par nos troupes, ainsi que la Ville-Évrard et la ferme de la Maison-Blanche.

Protégé par le feu du Mont-Valérien, le général Noël avait, ce jour-là, essayé d'inquiéter les Allemands et à Montretout et à Buzenval.

Quoi qu'il en soit, le nombre de nos défaites allait croissant ; au déclin du jour, le général Trochu donne le signal de la retraite. On se replie en *bon ordre*. Et le général Trochu, toujours inébranlable au milieu des revers, attribue cette nouvelle déroute « *à une brume intense très gênante pour l'action de notre artillerie.* » Ce général n'annonçait que des désastres à la population de Paris, chaque jour s'abîmant de plus en plus dans sa douleur. Partout ce n'était que visages mornes, portant pour ainsi dire le deuil de la patrie. Les épisodes de cette sanglante journée furent connus dans tous leurs sinistres détails. On faisait avec colère le dénombrement des cadavres laissés sur le champ de bataille ; on rappelait avec amertume que, dans les tranchées, neuf cents cas de congélation avaient été constatés ; on parlait avec pitié du général d'artillerie Blaise, dont la mort commandait de jeter le voile de l'oubli sur sa faute, cruellement expiée. Après la prise de Ville-Evrard, ce général s'y était établi sans avoir préalablement fait fouiller les maisons de fond en comble. Dans la nuit du 21 au 22, le général et ses officiers réchauffaient leurs membres engourdis aux feux de bivouac, tout à coup le clairon prussien retentit dans les airs ; au même instant, le général Blaise et quelques officiers sont renversés par les coups de fusil des Allemands qui, cachés dans les caves, font feu par les soupiraux.

Depuis le blocus de Paris, on avait fait appel à toutes les forces de l'intelligence humaine pour établir des moyens de communication avec le dehors. Un câble télégraphique fut immergé dans la Seine, mais l'ennemi l'ayant rompu, il ne resta plus que les ballons et les pigeons voyageurs. Tous les deux jours des ballons, s'élevant dans les airs, emportaient dépêches, journaux, lettres et pigeons. C'était par le retour de ceux-ci, messagers aériens, que Paris apprenait quelques-uns des terribles événements dont la France était alors le théâtre.

Plusieurs ballons allèrent se perdre en Allemagne, d'autres réservèrent une mort affreuse entre toutes à ceux qui les montaient, les abîmes de la mer leur servirent de tombeau.

Par la photographie, on fixait sur une pellicule une réduction microscopique des dépêches. Plusieurs pellicules étaient alors placées dans une plume de corbeau qu'on attachait à la queue d'un pigeon qui, prenant son vol vers les libres espaces, emportait ainsi des milliers de dépêches. Poursuivant avec ardeur leur route, devenue incertaine par la neige et le brouillard, fréquemment les pigeons trouvaient le terme de leur voyage dans la voracité des oiseaux de proie.

Faute de combustible, la fabrication du gaz cesse. Au moment où les ombres de la nuit descendent sur la ville assiégée, les rues sont désertes et silencieuses; une sinistre obscurité les enveloppe. Dès le mois de décembre, contrairement aux promesses trompeuses du gouvernement insurrectionnel, la famine déjà sévit avec vigueur; la nourriture des habitants se compose de viande de cheval et de pain noir alloués par le rationnement. D'une moyenne de mille par semaine, le nombre des décès s'était élevé graduellement à quatre mille.

Dans la matinée du 27 décembre, les Allemands commencèrent le bombardement des forts; avec leurs batteries établies au Raincy, à Gagny, à Noisy-le-Grand et au pont de Gournay, ils couvrirent de leurs boulets le plateau d'Avron et les forts de Noisy-le-Sec, de Rosny et de Nogent. Le lendemain, le général Trochu, craignant la destruction totale de nos pièces d'artillerie, donne le signal de l'évacuation du plateau d'Avron. Le 4 janvier, Montreuil, Bondy et tous les forts de l'Est étaient criblés d'obus.

Les forts d'Issy, de Vanves et de Montrouge, ainsi que les quartiers situés sur la rive gauche de la Seine, furent bombardés par les batteries que les Prussiens avaient établies à Châtillon, à Bagneux et à Meudon.

C'est dans les termes suivants que le roi de

Prusse annonçait à l'Allemagne les opérations autour de Paris : « Versailles, 5 janvier 1871. Depuis neuf heures a commencé le bombardement des forts du sud de Paris, par une superbe journée d'hiver, sans vent ni neige, mais avec 9 degrés de froid. »

Une sourde agitation règne dans Paris, dans Paris trompé et savamment exploité par les membres du gouvernement insurrectionnel. Les délégués des vingt arrondissements engagent la population à ne pas leur servir plus longtemps de jouet : « Là où pouvait exister l'abondance, ils ont fait la misère. On meurt de froid, déjà presque de faim ; les femmes souffrent, les enfants languissent et succombent. La direction militaire est plus déplorable encore : sorties sans but, luttes meurtrières sans résultat, insuccès répétés qui pouvaient décourager les plus braves, Paris bombardé. Le gouvernement a donné sa mesure : il nous tue. »

A ces mots, qui résument d'une manière claire, saisissante, les agissements du gouvernement insurrectionnel, le général Trochu répond par la proclamation suivante qu'il fait afficher sur les murs de Paris : « Aux citoyens de Paris : Au moment où l'ennemi redouble ses efforts d'intimidation, on cherche à égarer les citoyens de Paris par la tromperie et la calomnie. On exploite contre la défense nos souffrances et nos sacrifices. Rien ne fera tomber les armes de nos mains. Courage, confiance, patriotisme ! Le gouverneur de Paris ne capitulera pas. »

Dans ce document, pas un mot qui ne soit contraire à la vérité. Quelle grossière imposture que faire appel au courage, à la confiance et au patriotisme, alors que le général Trochu n'avait jamais cru à la possibilité de la défense, alors que les officiers généraux, assemblés en conseil de guerre, venaient de déclarer à l'unanimité que leur devoir était de renoncer à toute idée de résistance.

Dans toute la partie sud de Paris, le bombardement continue et le jour et la nuit à exercer ses affreux ravages. Le bruit du canon ne laisse ni repos ni sommeil dans cette cité où chaque minute étend le deuil, multiplie les angoisses.

Le général Trochu décide qu'une nouvelle sortie aura lieu le 19 janvier. Des discours patriotiques sont prononcés, des proclamations belliqueuses sont répandues dans le but d'enflammer les courages. Dans la matinée du 18, la garde nationale mobilisée se met en mouvement ; elle s'avance sur les boulevards et les Champs-Élysées au milieu d'une foule qui, avec tristesse, assiste à cette marche plutôt funèbre que guerrière. Comprenant quatre-vingts bataillons de la garde nationale et forte de cent mille hommes, l'armée est divisée en trois colonnes devant opérer simultanément. Celle de gauche, sous les ordres du général Vinoy, se porte sur Saint-Cloud et Montretout; celle de droite, commandée par le général Ducrot, marche sur la Malmaison; celle du centre, ayant à sa tête le général Bellemare, se dirige vers Buzenval. Le général Trochu prend le commandement en chef de cette armée. Dans la nuit du 18 au 19 janvier, le désordre était encore plus grand que dans les précédentes sorties: l'infanterie se heurtant contre des équipages d'artillerie était fréquemment arrêtée dans sa marche, de sorte que la concentration des troupes ne s'opéra qu'imparfaitement. Dès que le jour parut, le canon du Mont-Valérien donna le signal de l'attaque sur Buzenval et la redoute de Montretout.

Le général Ducrot arrivant sur ses positions deux heures *trop tard*, l'action qui devait s'engager à huit heures du matin ne commença qu'à dix heures. On laissait ainsi aux Prussiens le temps de concentrer leurs forces sur les points menacés.

A dix heures cinquante le général Trochu télégraphiait : « Un épais brouillard me dérobe absolument les phases de la bataille. Les officiers porteurs d'ordres ont de la peine à trouver les troupes. C'est très regrettable, et il me devient difficile de centraliser l'action comme je l'avais fait jusqu'ici. Nous combattons dans la nuit. »

Avec ses batteries établies au delà de la Seine, l'ennemi foudroie Rueil, où se trouvent les troupes du général Ducrot. D'un autre côté, la colonne du général Vinoy s'empare de Montretout, mais elle ne peut s'y maintenir. Vers trois heures, nos troupes reculent, et, dans la soirée, elles abandonnent les positions conquises le matin au prix de sanglants sacrifices. Dans cette malheureuse journée, trois mille cinq cents Français perdirent la vie, et, à ceux qui l'accusaient d'être l'auteur de ces hécatombes, le général Trochu répondait qu'il n'avait entrepris la *sortie* de Buzenval que pour donner satisfaction aux gardes nationaux voulant la *guerre à outrance*.

Le 20 janvier, le général Trochu annonce aux Parisiens le désastre de Buzenval. « Il faut, dit-il, parlementer d'urgence à Sèvres pour un armistice de deux jours qui permette l'enlèvement des blessés et l'enterrement des morts. Il faudra pour cela du temps, des efforts, des voitures très solidement attelées et beaucoup de brancardiers. »

Après le massacre de Buzenval et de Montretout le jour de la reddition de Paris ne pouvait être éloigné, mais le général Trochu ayant solennellement déclaré qu'il ne capitulerait pas, tenait à honneur la réalisation de sa promesse.

A cet effet, le général Trochu conserve la présidence du gouvernement insurrectionnel et nomme le général Vinoy gouverneur de Paris, puis le charge de négocier la capitulation.

La nouvelle de la défaite de Buzenval avait jeté la consternation dans Paris. Que de familles en deuil! Que de plaintes! Que de larmes! On fait entendre des cris lamentables contre le gouvernement insurrectionnel qui a pris à tâche l'extermination des gardes nationaux. De toutes part on s'anime, on s'excite. Le 22 janvier, vers le milieu du jour, la foule gémissante afflue sur la place de l'Hôtel-de-Ville. Des députations se présentent à M. Chaudey, que les révolutionnaires du 4 Septembre avaient nommé adjoint au maire de Paris, et lui demandent quels motifs ont pu déterminer le gouvernement insurrectionnel à mettre les gardes nationaux en coupe réglée.

Pendant ces pourparlers, M. Chaudey demandait des renforts pour, disait-il, *balayer* la place. Un coup de feu part, mais il n'atteint personne. Peu après, les Bretons qui occupent l'Hôtel de Ville ouvrent précipitamment les fenêtres et font un feu épouvantable sur la foule sans armes, qui s'enfuie affolée dans toutes les directions, laissant sur la place trente-deux cadavres et des mourants à qui personne n'ose porter secours.

Le 26 janvier, on lisait dans l'*Officiel* : « Tant que le gouvernement a pu compter sur une armée de secours, il était de son devoir de ne rien négliger pour prolonger la défense de Paris. En ce moment, quoique nos armées soient encore debout, les chances de la guerre les ont refoulées, l'une sous les murs de Lille, l'autre au delà de Laval; la troisième opère sur les frontières de l'Est. Nous avons dès lors perdu tout espoir qu'elles puissent se rapprocher de nous, et l'état de nos subsistances ne nous permet plus d'attendre. Dans cette situation, le gouvernement avait le devoir absolu de négocier. Les négociations ont lieu en ce moment. »

Quelle humilité maintenant dans le langage de ces pompeux phrasiers qui avaient formellement promis que le renversement de l'Empire procurerait le salut de la patrie, qui, d'une manière hautaine, avaient affirmé qu'ils ne céderaient ni un pouce de notre territoire, ni une pierre de nos forteresses, qui solennellement avaient déclaré qu'ils ne capituleraient pas.

M. Jules Favre se rendit à Versailles avec mission de conclure un armistice. M. de Bismarck lui rappelle combien grand est le crime du gouvernement insurrectionnel qui, après avoir renversé l'Empire, envoie à la mort des milliers d'hommes étrangers au métier des armes et couvre la France de ruines. « S'il suffisait, lui dit M. de Bismarck de donner un fusil à un citoyen pour en faire un soldat, ce serait une grand duperie de dépenser le plus clair de la richesse publique à former et à entretenir des armées permanentes. Maintenant nous sommes bien décidés à finir la guerre, et nous voulons pour cela chercher le moyen le plus sûr. *Ne trouvant point en vous de gouvernement régulier, nous sommes en négociation avec celui qui, à nos yeux, représente la tradition et l'autorité. Nous sommes en face de trois combinaisons, l'empereur, le prince impérial avec une régence ou le prince Napoléon. Nous avons également la pensée de ramener le Corps législatif.* »

A ces mots, le visage de M. Jules Favre se couvre d'une pâleur mortelle. Comme ses complices il est perdu, si M. de Bismarck poursuit l'exécution de son projet.

CHAPITRE VII

Le roi de Prusse est proclamé empereur d'Allemagne. — Le Le Palais de Versailles. — Prise de Rome. — La Russie dénonce le traité de Paris; congrès de Londres. — Entrevue de M. Jules Favre et de M. de Bismarck. — Le général de Beaufort d'Hautpoul. — L'armistice. — M. Gambetta veut continuer la guerre. — M. Jules Simon se rend à Bordeaux. — Protestation de M. de Bismarck au sujet des élections. — Paroles imprudentes de M. de Keller et de quelques-uns de ses collègues. — M. de Valon révèle à la tribune de l'Assemblée la trahison de M. Jules Favre. — Vote du traité des préliminaires de paix. — Article 2 de la convention d'armistice. L'Assemblée se déclare souveraine. — Les Allemands campent dans Paris. — Traité de paix définitif signé à Francfort. — Le pacte de Bordeaux.

Pendant que sous la conduite des hommes du 4 Septembre, la France s'abîmait sous le poids de ses nombreuses défaites, de grands changements survenaient en Europe.

Établi à Versailles au milieu d'une foule de princes allemands, le roi de Prusse résolut de se faire proclamer empereur pour consacrer les derniers événements politiques accomplis en Allemagne. Les deux confédérations du Nord et du Sud forment l'empire allemand, et le titre impérial héréditaire est conféré à la maison royale de Prusse.

Le 18 janvier, jour anniversaire du couronnement du premier roi de Prusse (Frédéric I*er*, en 1701), un autel fut dressé dans la galerie des glaces du palais de Versailles, et le roi Guillaume fut proclamé empereur d'Allemagne.

Dans ce palais aujourd'hui désert, dans ces lieux qui reflètent la majesté du grand siècle et où Louis XIV signa la révocation de l'édit de Nantes pour que les sectateurs de Luther et de Calvin fussent frappés d'exil ou livrés au supplice, un pasteur, M. Rogge, prononce un discours véhément et pathétique pour célébrer le triomphe des armées allemandes, annoncer le couronnement de l'empereur et rendre de solennelles actions de grâces au dieu des protestants.

A la nouvelle de nos premiers revers, nos troupes d'occupation furent rappelées de Rome par le gouvernement impérial, et à dater de ce jour, le pape n'eut plus pour la défense de son territoire que son armée pontificale. Après le désastre de Sedan, le gouvernement italien, mettant à profit les circonstances, prit la résolution de marcher sur Rome faiblement défendue. Le 18 septembre 1870, l'armée italienne campait devant les portes de cette ville, et le surlendemain, elle en commençait l'attaque. Ce jour-là même, les débiles défenseurs de la papauté, au premier bruit du canon, cherchent leur salut dans la fuite, Rome capitule, et le vicaire de Jésus-Christ, rempli de terreur, va se blottir dans les profondeurs du Vatican. C'en est fait du pouvoir temporel des papes.

Pendant que les armées allemandes se répandaient irrésistibles sur le territoire français, la Russie dénonçait le traité de Paris en vertu duquel la guerre de Crimée, en 1856, avait pris fin. Une clause de ce traité portait que, à l'exception des bâtiments légers nécessaires au service des côtes, la navigation de la mer Noire était interdite aux vaisseaux de guerre russes. La France étant abattue, le cabinet de Saint-Pétersbourg voulut supprimer cette limitation de sa puissance navale. Le 31 octobre 1870, le prince Gortchakoff annonça aux grandes puissances signataires du traité de Paris que la Russie allait rompre les engagements qu'elle avait contractés en 1856. L'Angleterre, confinée dans sa jalousie séculaire contre la France, n'opposa aucun obstacle aux projets de la Russie. De son côté, la Prusse, que la neutralité de la puissance moscovite laissait librement poursuivre le cours de ses victoires, donna son assentiment à la dénonciation du traité de Paris que l'Europe d'ailleurs s'empressa d'accepter.

Un congrès fut tenu à Londres où seule la France vaincue et sans gouvernement régulier ne put se faire valablement représenter. Par le traité de Londres, en date du 13 mars 1871, la Russie était remise en possession des droits que la guerre de Crimée lui avait fait perdre.

On a vu, à la fin du chapitre précédent, que M. de Bismarck refusait d'entrer en négociation avec le gouvernement insurrectionnel, mais vivement pressé par M. Jules Favre, il se rendit enfin à ses prières, à ses supplications, à ses larmes. Oui, M. Jules Favre pleura devant M. de Bismarck, et lui prenant convulsivement les mains, il lui dit d'une voix qu'entrecoupaient les sanglots : « Si vous refusez de traiter avec nous, mes collègues et moi nous serons traduits devant un conseil de guerre et condamnés à la peine de mort pour avoir renversé l'Empire. » Et il se répandait en lamentations sur le sort qui lui était réservé, si M. de Bismarck persistait dans sa résolution à ne pas traiter avec les émeutiers du 4 Septembre.

M. de Bismarck, attendri par le bruyant désespoir de M. Jules Favre, consentit enfin, après en avoir conféré avec l'empereur d'Allemagne, à conclure un armistice avec le gouvernement insurrectionnel représenté par M. Jules Favre, qui s'était attribué la qualité de ministre des affaires étrangères. Celui-ci dut s'adjoindre un tiers capable de résoudre les questions militaires.

Le 27 janvier, le général de Beaufort d'Haut-poul, faisant partie du cadre de réserve, fut appelé par le gouvernement insurrectionnel à assister M. Jules Favre. Sous tous les rapports ce choix était heureux. Ce général avait été autrefois désigné pour délimiter les nouvelles frontières entre la France et l'Italie, mission qu'il avait bien remplie. En 1860, il avait apaisé les troubles qui éclatèrent à Damas et dans le Liban; par la fermeté de son caractère comme par sa noble conduite, il sut y faire respecter le nom français.

Ne voulant pas laisser humilier la patrie dans sa personne, le général de Beaufort d'Hautpoul tint à M. de Bismarck un langage empreint d'une certaine fierté, mais qui convenait absolument à un représentant de la France, de la France même vaincue.

De retour à Paris, M. Jules Favre dit à ses collègues : « Le général a manqué aux égards dus à M. de Bismarck et à un fonctionnaire allemand; il me faut un autre auxiliaire. » M. Jules Favre fut obéi, tant la bassesse humaine est profonde. Le général de Valdan remplaça le général de Beaufort d'Hautpoul.

Le 28 janvier, la France apprend les conditions de la capitulation de Paris. Un armistice d'une durée de vingt et un jours est convenu, et les collèges électoraux sont convoqués pour le 8 février à l'effet de nommer une Assemblée nationale.

L'article 2 de la convention d'armistice était ainsi conçu : « L'armistice convenu a pour but de permettre au gouvernement de la Défense nationale de convoquer une assemblée librement élue qui se prononcera sur la question de savoir si la guerre doit être continuée ou à quelles conditions la paix doit être faite. L'Assemblée se réunira dans la ville de Bordeaux. Toutes les facilités seront données par les armées allemandes pour l'élection et la réunion des députés qui la composeront. »

Le mandat de la nouvelle Assemblée nationale était nettement défini : faire la paix, ou continuer la guerre, voilà sa mission.

Apprenant la conclusion de l'armistice, M. Gambetta lance une proclamation par laquelle il dénonce la *coupable légèreté* du gouvernement insurrectionnel de Paris, proteste contre la cessation des hostilités, et pousse les citoyens à continuer la guerre et à faire entendre partout les cris : aux armes ! aux armes !

Ne se résignant qu'avec la plus vive répugnance à convoquer les électeurs, M. Gambetta voulut que ses adversaires fussent exclus de l'arène politique. Par lui furent insérés au *Moniteur*, le 1ᵉʳ février, des décrets déclarant inéligibles « les individus qui du 2 décembre 1851 au 4 septembre 1870 avaient accepté les fonctions de ministre, de sénateur, de conseiller d'Etat ou de préfet, et ceux qui aux élections législatives avaient figuré sur la liste des candidatures officielles recommandées par les préfets. »

Après la capitulation, M. Jules Simon membre du gouvernement insurrectionnel, fut chargé de se rendre auprès de la délégation pour faire exécuter le décret sur les élections rendu à Paris le 29 janvier 1871 et qui contenait les dispositions suivantes : « La loi de 1849 est remise en vigueur, qui composait l'Assemblée nationale de 750 membres élus au scrutin de liste par département, tous les citoyens français jouissant de leurs droits civils et politiques sont indistinctement reconnus éligibles. »

Dès son arrivée à Bordeaux M. Jules Simon exige que le décret électoral de M. Gambetta frappant d'inéligibilité un grand nombre de citoyens soit immédiatement rapporté.

Appuyé par la délégation, le conseil municipal de Bordeaux, des députations de Lyon, d'Albi et de Toulouse, M. Gambetta eut un instant la pensée de se séparer du gouvernement insurrectionnel de Paris et de faire appel à la guerre civile. C'est avec une grossièreté sans exemple que, dans les emportements de sa colère, il repoussa d'abord la demande de M. Jules

Simon : « Vous êtes des factieux, lui disait-il, des usurpateurs, mes armées de province n'ont été vaincues que parce que vous et les vôtres vous avez refusé de les secourir ; quant à moi, je tiens mes pouvoirs des services que je viens de rendre à la France dont j'ai sauvé l'honneur. » Calme sous l'injure, M. Jules Simon lui répondit : « Va, naturalisé français, c'est bien toi qui par trahison as laissé anéantir l'armée de Paris que tu devais secourir. Tu as voulu faire durer la lutte pour rester au pouvoir. Quant à nous, nous avons commis une faute grave en te déléguant en province où, donnant un libre cours à tes folies, tu as négocié des emprunts qui ne t'ont pas appauvri, livré l'administration au pillage et fait tuer inutilement une partie de la nation, mais maintenant je me charge de toi, je saurai te réduire à l'obéissance. » En effet M. Jules Simon, en prévision de la résistance de M. Gambetta, s'était assuré l'appui du général Foltz, de l'intendant du camp de Bordeaux, et du premier président M. Célerier.

Sur ces entrefaites, M. de Bismarck, recevant le décret sur les inéligibilités, écrivit à M. Gambetta : « Versailles, 3 février 1871. Au nom de la liberté des élections stipulée par la convention d'armistice, je proteste contre les dispositions édictées en votre nom pour priver du droit d'être élu à l'Assemblée des catégories nombreuses de citoyens français. Des élections faites sous un régime d'oppression arbitraire ne pourront pas conférer les droits que la convention d'armistice reconnaît aux députés librement élus. »

Grâce aux efforts combinés de M. Jules Simon et de M. de Bismarck, M. Gambetta fut obligé de céder sa place à M. Emmanuel Arago qui déclara que la souveraineté du suffrage universel s'exercerait dans toute sa plénitude, c'est-à-dire conformément au décret rendu par le gouvernement insurrectionnel de Paris. Les élections eurent lieu le 8 février 1871. Ainsi, point de période électorale, les électeurs ne donnant aux députés qu'un mandat renfermé dans des limites bien précises : accepter ou repousser les propositions de l'Allemagne, en d'autres termes, conclure la paix ou continuer la guerre.

Ce fut le 13 février 1871 que l'Assemblée nationale tint sa première séance dans la ville de Bordeaux. Par un privilège que confère la vieillesse, M. Benoist d'Azy occupa le fauteuil de la présidence, et le gouvernement insurrectionnel dut s'éclipser devant les représentants de la France. On procéda à la vérification des pouvoirs, et l'Assemblée fut définitivement constituée avec M. Grévy pour président. M. Thiers était nommé chef du pouvoir exécutif de la République française.

L'Alsace, qui avait été réunie à la France par le traité de Westphalie en 1648 et la Lorraine en 1766, après la mort de Stanislas Leczinski, roi détrôné de Pologne, allaient bientôt faire partie de l'empire allemand. A l'ouverture de la séance du 17 février, M. Keller lut une protestation des députés du Bas-Rhin, du Haut-Rhin, de la Moselle et de la Meurthe contre la cession de ces deux provinces.

« Le suffrage universel lui-même, disaient ces députés, ne peut couvrir ni ratifier des exigences destructives de l'intégrité nationale et l'Europe ne peut consentir ni ratifier un tel abandon. En foi de quoi, nous prenons nos concitoyens de France, les gouvernements et les peuples du monde entier à témoin que nous tenons d'avance pour nuls et non avenus tous actes et traités, vote ou plébiscite qui consentiraient l'abandon en faveur de l'étranger de tout ou partie de nos provinces d'Alsace et de Lorraine. »

Que de paroles irréfléchies dans cette déclaration! Pour prix de l'assistance qu'il avait donnée à l'Italie, Napoléon III par le traité de Turin, en date du 24 mars 1860, et après le vote solennel des populations, se fit céder la Savoie et le comité de Nice, augmentant ainsi la France de trois départements et reculant notre frontière méridionale jusqu'au sommet des Alpes. Mais suivant le système politique des signataires de cette protestation le traité de Turin était radicalement nul. Pauvres législateurs! L'Assemblée se hâta de laisser tomber dans l'oubli les paroles imprudentes de M. Keller et de ses collègues.

Ce fut à ce moment que M. Jules Favre, faisant involontairement sans doute l'aveu du crime de Ferrières, déclara dans le bureau dont il était membre qu'il fallait bien se garder dans les négociations relatives au traité de paix, d'aucune allusion à l'Alsace et à la Lorraine, « attendu que jusqu'alors la Prusse, disait-il, n'avait jamais demandé la cession de ces deux provinces. »

Le 16 juin suivant M. de Valon monte à la tribune et s'exprime ainsi : « Les paroles prononcées dans un bureau appartiennent à la France entière. Voici dans quels termes M. Jules Favre s'est exprimé dans le huitième bureau : « A l'heure présente, 17 février, la Prusse n'a pas encore demandé la cession de l'Alsace et de la Lorraine; il est possible qu'elle ne demande pas cette cession, il est possible qu'elle se contente d'une simple neutralisation. » Ce n'est pas tout : « M. Jules Favre ne s'est pas contenté de nous déclarer que, contrairement à ce qui avait été mentionné dans des documents antérieurs, la Prusse, à la date du 17 février, n'avait pas exigé la cession de l'Alsace et de la Lorraine; il nous a dit qu'à Ferrières, c'est-à-dire le 20 septembre 1870, M. de Bismarck lui avait proposé de faire la paix, moyennant la cession de Strasbourg et de sa banlieue. »

A ces mots, M. Jules Favre est atterré, lui qui, après l'entrevue de Ferrières, avait mensongèrement déclaré que l'Allemagne exigeait l'Alsace, la Lorraine et cinq milliards. Des mouvements convulsifs agitent sa face blême; avec une précipitation extrême il quitte l'Assemblée.

Le lendemain, plus pâle et plus défait que la veille, reparaissant dans l'enceinte législative, il balbutie : « M. de Valon a commis une véritable indiscrétion en portant à la tribune un entretien qui avait eu lieu dans un des bureaux de l'Assemblée. A Ferrières, M. de Bismarck m'a dit effectivement qu'il serait possible de traiter de la paix dans les conditions qui ont été rapportées à la séance d'hier. Mais si j'ai commis des fautes, si je me suis rendu coupable d'erreur, je n'ai toujours voulu que le bien du pays. »

Plus tard, M. Jules Favre répondit à la commission d'enquête lui reprochant sa trahison : « Si j'avais dit que M. de Bismarck n'exigeait que la cession de Strasbourg et sa banlieue, *le len-*

demain nous aurions été renversés du pouvoir.

Que le lecteur veuille bien se rappeler que depuis la révolution du 4 septembre 1870, trois fois l'Allemagne fit des ouvertures de paix. »

Le 20 septembre 1870, M. de Bismarck, dans son entrevue avec M. Jules Favre à Ferrières, offrait la paix moyennant la cession de Strasbourg et de sa banlieue.

Le 5 novembre 1870, M. Thiers se rendait à Versailles, quartier général du roi de Prusse, et obtenait la paix au prix de l'Alsace et de deux milliards.

Le 28 janvier 1871, après la conclusion de l'armistice, la paix allait nous coûter l'Alsace, la Lorraine et cinq milliards.

Un grand nombre de députés demandèrent vainement à l'Assemblée que les membres du gouvernement insurrectionnel du 4 septembre fussent décrétés d'accusation pour qu'on leur infligeât la peine qu'ils avaient si largement méritée.

Dans la séance du 19 M. Thiers fit connaître les noms des membres du cabinet qu'il venait de former : MM. Dufaure, à la justice ; Jules Favre, aux affaires étrangères ; Ernest Picard, à l'intérieur ; Jules Simon, à l'instruction publique ; de Larcy, aux travaux publics ; Lambrecht, à l'agriculture et au commerce ; le général Leflô, à la guerre ; l'amiral Pothuau, à la marine. Peu de temps après, M. Pouyer-Quertier fut appelé au ministère des finances.

Le 28 février, l'Assemblée entendit la lecture du traité des préliminaires de paix stipulant la cession de l'Alsace et d'une partie de la Lorraine. Une commission est nommée à l'effet d'examiner le traité, et le lendemain, le rapporteur, M. Victor Lefranc, en propose la ratification. La discussion s'ouvre aussitôt. M. Bamberger, député de la Moselle, s'écrie : « Ce traité constitue, selon moi, une des plus grandes iniquités que l'histoire des peuples et les annales diplomatiques auront à enregistrer. Un seul homme, je le déclare tout haut, un seul homme devait le signer : cet homme, c'est Napoléon III. »

A ces mots, qui ne sont qu'une insulte au bon sens, un violent tumulte éclate sur tous les points de l'Assemblée. En effet, après la capitulation de Sedan, l'Allemagne satisfaite de ses victoires était disposée à mettre bas les armes moyennant la cession de Strasbourg et de sa banlieue.

C'étaient donc les émeutiers du 4 Septembre, c'est-à-dire les membres du gouvernement insurrectionnel qui, seuls, avaient causé nos désastres. C'étaient eux qui, pour acquérir des richesses, avaient renversé l'Empire et usurpé le pouvoir, dût la patrie s'abîmer dans des désastres sans exemple. C'étaient eux seuls qui devaient apposer leurs signatures au bas du traité nous arrachant et l'Alsace, et la Lorraine, et cinq milliards.

Si au gré de leur insatiable cupidité, il eût été possible à ces hommes de continuer la lutte, il en serait infailliblement résulté que l'Allemagne, multipliant ses exigences en raison de nos défaites, n'eût voulu traiter de la paix que moyennant la cession de plusieurs provinces, et le paiement d'une indemnité de dix milliards, et alors, eût-il fallu, selon M. le député Bamberger, en rendre responsable Napoléon III.

L'histoire planant au-dessus des mensonges des partis doit assigner à chacun sa part de responsabilité.

S'il n'en avait été empêché par la révolution du 4 septembre, l'Empire, à qui le sort des armes avait été contraire, aurait pu, après la capitulation de Sedan, signer un traité de paix avec la Prusse moyennant la cession de Strasbourg et de sa banlieue.

Mais les emprunts ruineux, mais le gaspillage de l'argent des contribuables, mais le vol des deniers publics, mais les plans de campagne marqués au coin de l'idiotisme, mais les cadavres des Français gisant partout, mais les ambulances régorgeant d'amputés, mais les gardes nationaux massacrés à Champigny et à Buzenval, mais la famine moissonnant une partie de la population parisienne, mais la cession de l'Alsace et de la Lorraine, mais la rançon de cinq milliards, voilà l'œuvre accomplie par les membres du gouvernement insurrectionnel du 4 Septembre qui, selon le vœu des députés obéissant aux principes éternels de la justice, auraient du être décrétés d'accusation pour crime de haute trahison.

Un député qui, sous l'Empire, avait fait partie de la commission de décentralisation, M. Target, lut la proposition suivante : « L'Assemblée nationale clôt l'incident, et dans les circonstances douloureuses que traverse la patrie... confirme la déchéance de Napoléon III et de sa dynastie, déjà prononcée par le suffrage universel... »

Bien que le suffrage universel n'eût jamais prononcé la déchéance de l'Empire, la proposition n'en fut pas moins adoptée.

Dans cette séance fut ratifié le traité des préliminaires de paix qui nous arrachait l'Alsace, la Lorraine et cinq milliards. A la suite de ce vote, qui eut lieu le 1ᵉʳ mars 1871, l'Assemblée devait se dissoudre, conformément aux termes clairs et précis de l'article 2 de la convention d'armistice portant : « L'armistice convenu a pour but de permettre au gouvernement de la Défense nationale de convoquer une assemblée librement élue qui se prononcera sur la question de savoir si la guerre doit être continuée ou à quelles conditions la paix doit être faite. »

Plusieurs députés donnèrent aussitôt leur démission, mais l'Assemblée, puisant son droit dans sa force, se déclara souveraine.

Le 1er mars 1871, les Allemands occupent la zone comprise entre les Tuileries, la Seine et le faubourg Saint-Honoré, et sortent de Paris le lendemain par suite de la ratification des préliminaires de paix qui devaient être suivis d'un traité définitif, dont les négociations allaient s'ouvrir à Bruxelles. Les plénipotentiaires nommés par le gouvernement français étaient MM. Jules Favre, Pouyer-Quertier et de Goulard, membres de l'Assemblée nationale ; l'Allemagne était représentée par MM. de Bismarck et d'Arnim. Le 24 mars 1871, ils se réunirent à Bruxelles, et le 10 mai suivant fut signé à Francfort le traité de paix définitif. Ce fut le 10 mars 1871, que, sur la proposition de M. Thiers, voulant conserver le pouvoir, l'Assemblée renvoya à une époque ultérieure la discussion de la forme du gouvernement, c'est-à-dire qu'une trêve fut conclue entre les partis, laquelle prit le nom de *pacte de Bordeaux*.

L'Assemblée nationale se sépara le 11 mars, après avoir décidé qu'elle se réunirait le 20 mars, à Versailles, dans le palais de Louis XIV.

CHAPITRE VIII

Situation de Paris après la conclusion de l'armistice. — Assassinat de M. Vicenzini aux cris de « Vive la République ». — M. de Moneys est jeté dans les flammes aux cris de « Vive l'empereur. » — La loi sur les *échéances*. — Cause de l'irritation des habitants de Paris. — La garde nationale transporte des canons sur la butte Montmartre. — Le général Lecomte est chargé de les enlever. — Les chevaux d'attelage sont vainement attendus. — La foule gravit les pentes qui conduisent au sommet de la butte; le général Lecomte est, par ses soldats, conduit rue des Rosiers. — Arrestation de M. Clément Thomas; sa mort. — Le général Lecomte est fusillé par ses soldats. — Les gardes nationaux protègent et font mettre en liberté des officiers faits prisonniers. — M. Thiers, ses ministres, ses fonctionnaires et ses généraux s'enfuient pleins d'épouvante dans la direction de Versailles. Manifestation du 22 mars. — Les députés de Paris, les maires, les adjoints et le comité central invitent les électeurs à nommer les membres de la Commune. — Les élections ont lieu le 26 mars. — Tentatives de soulèvement aussitôt réprimées à Lyon, à Saint-Etienne, à Marseille et dans d'autres villes. — L'armée de Versailles prend l'offensive, les gardes nationaux sont défaits. — Le Mont-Valérien, combat de Rueil. — Le général Flourens est fait prisonnier; le lieutenant de gendarmerie Desmarest lui fend la tête d'un coup de sabre. A Chatou et au Petit-Bicêtre, les gardes nationaux prisonniers sont criblés de balles. — Décret sur les otages. — Le Comité de Salut public; désordre dans le gouvernement de la Commune. — Le capitaine du génie Rossel et M. Delescluze. — La Banque de France. — Le couvent de Picpus; les caveaux de l'église Saint-Laurent. — La maison de M. Thiers. — La colonne Vendôme. — Explosion de la cartoucherie de l'avenue Rapp. — M. Dacatel, terrassier au service de la Commune, introduit par la porte de Saint-Cloud les Versaillais dans Paris.

Après la conclusion de l'armistice, les habitants de Paris firent bruyamment éclater leur indignation contre les émeutiers du 4 Septembre qui, par de décevantes promesses, les avaient poussés à une résistance qui n'avait abouti qu'à d'irréparables désastres. Aucun des membres du gouvernement insurrectionnel ne fut élu à Paris, à l'exception de M. Jules Favre, dont on ignorait alors la trahison par lui commise à son retour de Ferrières, et qui toutefois ne passa que le dernier sur la liste des quarante-trois candidats.

À l'occasion de l'anniversaire du 24 février 1848, pendant plusieurs jours des bataillons de la garde nationale, des soldats et des marins vinrent jurer devant la colonne de Juillet : « la République ou la mort ». Un sombre enthousiasme animait la multitude. Le 26 février, un agent de police nommé Vincenzini est surpris inscrivant sur un carnet le numéro des bataillons ; immédiatement il est saisi par des chasseurs à pied qui le précipitent dans le canal. Son agonie fut saluée par les cris de : « Vive la République ». Peu de temps avant la révolution du 4 septembre, M. de Moneys, hostile au gouvernement de Napoléon III, avait été, sur une place publique de la Dordogne, brûlé par des paysans dansant la farandole autour de son bûcher et hurlant : Vive l'empereur !

Le 10 mars, M. Dufaure faisait adopter par l'Assemblée une loi qui rendait exigible les effets de commerce dont l'échéance avait été précédemment prorogée. Cette loi sur les *échéances* ne fut pas plus tôt promulguée que les protêts, avant-coureurs de la faillite, se multiplièrent à l'infini. A cette époque, un grand nombre de journaux républicains furent supprimés.

Chaque jour voyait surgir de nouvelles causes d'irritation. C'était l'Assemblée nationale dont le mandat était expiré depuis le 1er mars qui, sans s'inquiéter des clameurs s'élevant contre son usurpation, demandait à grands cris que Sa Majesté le roi Henri V fût appelé à occuper le trône de ses pères. C'était le général Vinoy, maintenu comme gouverneur de Paris, lui qu'on accusait d'avoir, dans les Basses-Alpes, moissonné les républicains lors du coup d'État de 1851, c'était le général d'Aurelle de Paladines nommé commandant de la garde nationale, qu'il avait reçu mission de désarmer pour qu'aucune résistance n'entravât l'Assemblée dans l'exécution de ses desseins.

Pour défendre la République, deux cent quinze bataillons de la garde nationale s'assemblent, forment une fédération placée sous la direction d'un comité central dont l'origine remontait au temps du siège, et qui, le 10 mars, avait adressé à l'armée une proclamation commençant par ces mots : « On fait courir en province des bruits odieux. Il y a dans Paris trois cent mille gardes nationaux et cependant, chaque jour, on y fait entrer des troupes que l'on cherche à tromper sur l'esprit de la population parisienne. Les hommes qui ont organisé la défaite, démembré la France, livré tout notre or, veulent échapper à la responsabilité qu'ils ont assumée, en suscitant la guerre civile. Ils comptent que vous serez les dociles instruments du crime qu'ils méditent.... »

Des canons appartenant à la garde nationale étaient, par le gouvernement, laissés à Neuilly et avenue de Wagram, au moment où les Prussiens allaient entrer dans la capitale. La nouvelle s'en répand dans Paris, et l'indignation publique s'exhale en cris de fureur. Des gardes nationaux vont précipitamment les chercher et les transportent hâtivement à Montmartre, loin du sol devant être foulé par l'ennemi.

N'obéissant qu'aux inspirations de son orgueil, M. Thiers, arrivé à Paris le 15 mars, décide que les canons seront repris sans délai, parce qu'il ne veut pas, dit-il, laisser braver plus longtemps son autorité. A cette époque, M. Clémenceau, maire de Montmartre et député, avait pour adjoint M. Lafont. Le courage et le dévouement que ces deux hommes avaient déployés pendant la sombre période du siège, leur assurait une légitime influence sur leurs administrés. M. Picard, ministre de l'intérieur, s'était engagé à ne prendre aucune mesure au sujet de l'enlèvement des canons sans les avoir consultés. Il n'en fut rien.

On arrêta qu'on se porterait clandestinement sur les hauteurs de Montmartre à l'heure où la la population se livre au sommeil, et des dispositions furent prises, en ce sens, dans la nuit du 17 au 18 mars. Vers deux heures du matin, la base des buttes est entourée par des détachements du 88ᵉ de ligne chargés d'intercepter l'entrée des rues qui conduisent à leur sommet. Sous les ordres du général Lecomte, se mettent en marche deux colonnes composées, l'une de chasseurs à pied et de gardes républicains, l'autre de sergents de ville déguisés en gardes nationaux.

Les troupes du général Lecomte surprennent le poste établi sur le plateau, tuent un garde national, en blessent plusieurs et s'emparent des canons. L'expédition jusque-là avait bien réussi. D'après le recensement fait par ordre du général, il y avait cent soixante-onze pièces de canon pour l'enlèvement desquelles furent attendus vainement les chevaux d'attelage. Les soldats restent là, immobiles, l'arme au pied. A leur réveil, les habitants du quartier sont informés de la présence des troupes sur les hauteurs de Montmartre; aussitôt, le tocsin sonne, la générale bat, et bientôt une multitude immense, après avoir fraternisé avec les soldats du 88ᵉ de ligne placés au bas de la butte pour en garder les approches, gravit les pentes et couvre le plateau. Le général Lecomte donne l'ordre de faire feu sur cette foule d'hommes, de femmes et d'enfants. Son autorité est méconnue, les soldats murmurent, puis, se saisissant violemment de sa personne, le conduisent avec quelques-uns de ses officiers dans une maison de la rue des Rosiers portant le numéro 6.

Vers trois heures, M. Clément Thomas, nommé général de la garde nationale pendant le siège, fut reconnu place Pigalle, arrêté et amené également rue des Rosiers. Dans sa jeunesse, cet homme était parvenu au grade de sous-officier, mais il cessa de faire partie de l'armée à la suite d'une condamnation par contumace. Étant en garnison à Lunéville, le sous-officier Clément Thomas, impatient de son obscurité, cherchait dans une insurrection victorieuse des chances d'avancement. Une seule pensée l'absorbait : précipiter du trône Louis-Philippe et sa dynastie. Soufflant la sédition parmi ses camarades, aux uns, il faisait luire l'espoir d'un avancement rapide; aux autres, il faisait entendre les mots de liberté, d'égalité, de fraternité, de patrie, de république. Il échoua dans ses projets aussi insensés que criminels, mais non sans avoir entraîné dans sa chute un grand nombre de malheureux.

Accusé d'avoir fait tuer inutilement des gardes nationaux pendant le siège, M. Clément Thomas est passé par les armes. Des soldats débandés poussant des cris de mort contre le général Lecomte, se mettent en tête du peloton qui doit le fusiller. Un sergent d'infanterie se jette sur lui, le frappe d'un coup de poing, en lui disant qu'il va avoir le plaisir de lui tirer le premier coup de fusil. Le général tombe pour ne plus se relever, et sur son cadavre, deux de ses soldats, cédant aux mouvements impétueux d'une atroce colère, viennent décharger leurs armes. Les commandants Partet et de Poussargues, les capitaines Deugnot, Dally, Chinouffre et Lafosse, arrêtés en même temps que le général Lecomte, furent protégés et mis en liberté par les gardes nationaux.

Dans cette même journée du 18, vers six heures du matin, le général d'Aurelle de Paladines fit battre le rappel, mais ce fut en vain, quelques gardes nationaux se présentèrent l'air farouche, menaçant, puis mirent en délibération s'il fallait arrêter le général et son chef d'état-major qui ne trouvèrent leur salut que dans la rapidité de leur fuite. Sur tous les points de la capitale, l'insurrection éclatait avec ensemble, avec force. M. Léo Meillet, avocat à la cour d'appel de Paris, et plus tard membre de la Commune, parvint, au péril de sa vie, à protéger contre les fureurs de la multitude le général Chanzy, et M. le député Turquet, reconnus à la gare du chemin de fer d'Orléans.

M. Thiers et ses ministres, que ces événements avaient glacés d'effroi, se replient précipitamment sur Versailles avec le général Vinoy, suivi des troupes qu'il avait pu rallier. Le Comité central de la garde nationale, appelé nécessairement à suppléer le gouvernement qui venait de s'évanouir, adressa la proclamation suivante au peuple de Paris : « Citoyens, le peuple de Paris a secoué le joug qu'on essayait de lui imposer. Calme, impassible dans sa force, il a attendu sans crainte, comme sans provocation, les fous éhontés qui voulaient toucher à la République. Cette fois, nos frères de l'armée n'ont pas voulu porter la main sur l'arche sainte de nos libertés. Merci à tous, et que Paris et la France jettent ensemble les bases d'une République acclamée avec toutes ses conséquences, le seul gouvernement qui fermera pour toujours l'ère des invasions et des guerres civiles. L'état de siège est levé. Le peuple de Paris est convoqué dans ses sections pour faire ses élections communales. La sûreté de tous les citoyens est assurée par le concours de la garde nationale. »

M. Thiers fait garder le Mont-Valérien par

la troupe de ligne; et il ordonne que les forts du Sud, les autres étant occupés par les Prussiens, soient abandonnés, à l'exception du fort de Vincennes; mais les soldats de la garnison se répandent en invectives contre le général Ribourt, commandant du fort; il est l'objet de leurs violences; les ponts-levis sont abaissés et les gardes nationaux prennent possession de la forteresse. Le général et ses officiers se sauvent, confus et humiliés, au milieu des vociférations qui les poursuivent.

Quelle déroute que la retraite de l'armée sur Versailles! Soldats, gendarmes, gardiens de la paix roulent en colonnes confuses sur les chemins. Les soldats insultent les gendarmes et font éclater une grande animosité contre les gardiens de la paix qu'ils appellent *roussins*. Les membres du gouvernement, les fonctionnaires, tous ceux enfin que la peur a chassés de Paris, osent à peine s'aventurer dans les rues de Versailles, tremblants qu'ils sont de voir arriver la garde nationale parisienne.

Paraissait aussitôt au *Journal officiel* une déclaration du gouvernement de Versailles, dans laquelle il était dit : « Beaucoup de militaires ont oublié leur devoir, et *la garde nationale de Paris a refusé de soutenir le gouvernement*. L'amiral Saisset a été nommé commandant supérieur de la garde nationale. Nous avons pour nous le droit, le patriotisme, la décision. Ce sont les agents de l'Empire et *les amis des Allemands* qui nous ont obligés de quitter Paris, mais le jour de la justice est prochain; il dépend de la fermeté de tous les bons citoyens, qu'il soit exemplaire. »

Le 22 mars, une bande d'hommes se proclamant les défenseurs de l'ordre, font irruption dans la rue de la Paix, et se disposent à envahir la place Vendôme, où était l'état-major de la garde nationale. Sans égard aux sommations qui leur sont faites de se disperser, sommations précédées de roulement de tambour, les manifestants passent des clameurs aux injures et tirent quelques coups de pistolet. Aussitôt les gardes nationaux font usage de leurs armes. La plupart des blessés et des morts furent trouvés porteurs de revolvers et de poignards.

Le commandement de la garde nationale fut, par le Comité central, déféré aux généraux Brunel, Eudes et Duval. De son côté, l'Assemblée de Versailles, pour préparer les voies à la monarchie, s'occupe de la nomination d'un lieutenant général. A cette nouvelle répandue dans Paris, les quelques gardes nationaux ralliés à l'amiral Saisset l'abandonnent. L'amiral regagne précipitamment Versailles.

Le 25 mars, les députés de Paris, les maires et les adjoints, chargés de représenter à Paris le gouvernement de Versailles, se concertèrent avec le Comité central pour que les élections communales eussent lieu le lendemain. Voici en quels termes on les annonça : « Le Comité central de la garde nationale, auquel se sont ralliés les députés de Paris, les maires et adjoints, convaincus que le seul moyen d'éviter la guerre civile, l'effusion du sang à Paris, et en même temps d'affermir la République est de procéder à des élections immédiates, convoque pour demain dimanche tous les citoyens dans les collèges électoraux. Les habitants de Paris comprendront que, dans les circonstances actuelles, le patriotisme les oblige à venir tous au vote, afin que les élections aient le caractère sérieux qui, seul, peut assurer la paix dans la cité. »

Les élections eurent lieu le 26 mars. Furent nommés :

Ier arrondissement. Adam, Méline, Rochart, Barré.

IIe arrondissement. Brelay, Tirard, Chéron, Loiseau-Pinson.

IIIe arrondissement. Demay, Antoine Arnaud, Pindy, Cléray, Dupont.

IVe arrondissement. Lefrançais, Arthur Arnould, Clémence, Amouroux, Gérardin.

V^e arrondissement. Jourde, Régère, Tridon, Blanchet, Ledroit.

VIe *arrondissement*. Leray, Goupil, Robinet, Beslay, Varlin.

VIIe *arrondissement*. Parisel, Lefèvre, Urbain, Brienet.

VIIIe *arrondissement*. Raoul Rigault, Vaillant, Arthur Arnould, Allix.

IXe *arrondissement*. Ranc, Ulysse Parent, Desmarest, Emile Ferry, Nast.

X^e *arrondissement*. Félix Pyat, Henri Fortuné, Gambon, Champy, Babick.

XIe *arrondissement*. Assi, Avrial, Delescluze, Mortier, Eudes, Protot, Verdure.

XIIe *arrondissement*. Varlin, Fresneau, Geresme, Theisz.

XIIIe *arrondissement*. Léo Meillet, Durand, Chardon, Franckel.

XIVe *arrondissement*. Billioray, Martelet, Decamp.

XVe *arrondissement*. Victor Clément, Jules Vallès, Langevin.

XVIe *arrondissement*. Marmottan (docteur), Bouteiller.

XVIIe *arrondissement*. Varlin, Emile Clément, Gérardin, Chalin, Malon.

XVIIIe *arrondissement*. Blanqui, Theisz, Dereure, J.-B. Clément, Ferré, Vermorel, Paschal Grousset.

XIXe *arrondissement*. Oude, Puget, Cournet, Delescluze, Ostyn, Miot.

XX*e* *arrondissement*. **Ranvier, Bergeret, Flourens, Blanqui.**

Le 28 mars, à l'Hôtel de ville, le résultat du scrutin est proclamé au chant de la *Marseillaise* et au bruit des salves de l'artillerie; sur la place, une foule considérable, en partie composée de gardes nationaux, ébranle les airs par les cris répétés de : « Vive la Commune ». Dans les cœurs, ce jour-là, la crainte fait place à l'espérance. On croit que l'Assemblée de Versailles, qui, dans son vote pour la paix, a trouvé la fin de son mandat, va se dissoudre, et qu'une nouvelle Assemblée nationale, en même temps qu'elle fera disparaître la cause du conflit, source de tant d'alarmes, conservera la République et lui préparera les plus brillantes destinées. C'est en ces termes que la Commune annonça son avènement: « Citoyens, votre Commune est constituée, le vote du 26 mars a sanctionné la révolution victorieuse..... Vous avez, dans votre légitime défense, repoussé de vos murs ce gouvernement qui voulait vous déshonorer en vous imposant un roi. »

Bien que la Commune eût déclaré que ses attributions seraient exclusivement municipales, elle n'en fut pas moins amenée, étant le seul pouvoir debout dans Paris, à exercer le gouvernement.

Que se passait-il alors dans les départements?

Les esprits y étaient fortement agités. Le 24 mars, à Lyon, les officiers de la garde nationale déclarent que le mandat de l'Assemblée de Versailles ayant pris fin depuis le 1er mars, en conformité de l'article 2 de la convention d'armistice, il y a lieu d'adhérer à la Commune de Paris, qui veut conserver et défendre la République. A cet effet, avec leurs hommes, ils s'emparent de l'hôtel de ville, mais ils ne peuvent s'y maintenir. Ils sont écrasés.

A Saint-Etienne, le 25 mars, des gardes nationaux voulant se rallier à la Commune de Paris, nomment un comité chargé d'administrer la ville. Des groupes se portent à la préfecture pour en prendre possession. Inquiet, effrayé, M. Fillon, qui se trouve auprès du préfet, tire deux coups de pistolet; il tue un garde national et en blesse un autre. Des fusils sont braqués sur M. Fillon et le préfet, M. de l'Espée, qui l'un et l'autre tombent frappés mortellement. Deux jours après, l'arrivée des troupes faisait disparaître le comité.

Au Creuzot, à Toulouse et à Narbonne, il y eut aussi quelques tentatives de soulèvement aussitôt réprimées.

A Marseille, les gardes nationaux envahissent la préfecture et nomment une commission exécutive présidée par M. Gaston Crémieux. On emprisonne le préfet et le général Espivent:

mais, sans retard, M. Gaston Crémieux les fait mettre en liberté. Avec ses troupes, le général Espivent se retire à Aubagne, distant de 17 kilomètres de la ville. Après avoir reçu des renforts, il marche sur Marseille et, du haut de la montagne de Notre-Dame de la Garde, il fait bombarder la préfecture où, refoulés de toutes parts, se sont réfugiés les derniers défenseurs de la Commune. La ville étant reprise le 4 avril, M. Gaston Crémieux fut arrêté dans le cimetière israélite, où il s'était retiré dans le vain espoir d'échapper à la vengeance du général Espivent.

Pour reprendre Paris, le gouvernement de Versailles fit un appel pressant aux armées de la Loire et du Nord, en même temps qu'il précipita le retour des soldats français prisonniers en Allemagne. Les préfets reçurent l'ordre de recruter des volontaires et de les diriger sur Versailles pour, disait M. Thiers, défendre la religion, la famille et la propriété contre les *amis des Allemands* qui s'étaient emparés de Paris. Malgré toute l'activité préfectorale qui fut alors déployée, il ne se présenta que quelques individus, presque tous récemment sortis des maisons centrales, et qui pour trouver des moyens d'existence devinrent les étranges auxiliaires de l'armée de Versailles.

En vue de prendre l'offensive contre la garde

nationale de Paris, la division Bruat et la brigade Daudel s'avancent sur Paris, l'une par Ville-d'Avray et Montretout, l'autre par Bougival et Rueil. Puteaux et Courbevoie n'étaient occupés que par un petit nombre de gardes nationaux qui, attaqués à l'improviste, durent abandonner leurs positions et se retirer en désordre au delà de la Seine.

Dans la soirée, on apprend que les gardes nationaux ont été attaqués puis refoulés par les Versaillais; aussitôt un cri formidable s'élève dans tous les quartiers de la capitale : A Versailles! à Versailles. Cinquante mille gardes nationaux sont prêts à marcher sur cette ville; il est décidé que les généraux Bergeret et Flourens se dirigeront par Nanterre et Rueil sur Bougival, et que les généraux Eudes et Duval se porteront sur Châtillon et Meudon.

Dans la matinée du 3 avril, les gardes nationaux, sous la conduite du général Bergeret, longent la route de Rueil lorsque, soudainement lancés du Mont-Valérien, des obus tombent dans leurs rangs et en font un affreux carnage. Effrayés, ils se débandent, font un mouvement en arrière, puis se précipitent vers Paris, où ils vont répandre la terreur. Cependant la tête de la colonne parvient à Rueil et fait sa jonction avec les troupes du général Flourens. Mais vivement attaqués par le général Vinoy, les gardes nationaux sont obligés, après une lutte opiniâtre, de battre en retraite et de regagner Paris par Nanterre et Asnières.

Après avoir vaillamment combattu, après avoir assuré la retraite de ses hommes, le général Flourens, tombant d'épuisement, entra dans une auberge pour y prendre quelque repos. Victime de la trahison de son hôte, il est surpris pendant son sommeil par quarante gendarmes qui cernent la maison. On le réveille, il s'avance tête nue dans la cour de l'auberge, où le lieutenant de gendarmerie Desmarest lui dit : C'est bien toi Flourens ! — Oui, je me rends prisonnier de guerre. — A ces mots, le lieutenant Desmarest lui fend la tête d'un coup de sabre. La cervelle de Flourens jaillit sur les gendarmes qui jettent le cadavre mutilé dans un tombereau et l'escortent jusqu'à Versailles.

. Trois gardes nationaux parmi lesquels un capitaine et un sergent sont faits prisonniers à Chatou et immédiatement dirigés sur Versailles. On rencontre le général de Gallifet qui oblige l'officier commandant l'escorte à lui livrer les prisonniers. Le général de Gallifet fait conduire les prisonniers dans la rue de Saint-Germain, au coin de la rue Casimir-Perier, et les trois prisonniers tombent percés de balles. « J'ai dû faire un exemple ce matin, qu'il soit salutaire, disait le général de Gallifet dans une proclamation aux habitants de Chatou. »

Du côté de Châtillon, les gardes nationaux furent repoussés après avoir laissé aux mains des Versaillais quinze cents prisonniers. Parmi eux se trouvaient des soldats abandonnés à Paris au 18 Mars, on les fit immédiatement fusiller. La colonne de prisonniers prend le chemin de Versailles et, au Petit-Bicêtre, elle trouve le général Vinoy qui, ordonnant de faire halte dit : Y a-t-il parmi vous le général Duval? Oui, c'est moi, répond Duval; et il sort des rangs avec deux de ses officiers. Le général Vinoy fait cribler de balles les trois prisonniers.

A la nouvelle du massacre des gardes nationaux prisonniers, la Commune de Paris prit la mesure suivante : « Considérant que le gouvernement de Versailles foule ouvertement aux pieds les droits de l'humanité comme ceux de la guerre ; qu'il s'est rendu coupable d'horreurs dont ne se sont pas même souillés les envahisseurs du sol français, décrète:........... Toute exécution d'un prisonnier de guerre ou d'un partisan du gouvernement régulier de la Commune de Paris sera sur-le-champ suivi de l'exécution d'un nombre triple des otages........ qui seront désignés par le sort. »

A dater de ce jour, les Versaillais, jusqu'à leur rentrée dans Paris, cessèrent de tuer les prisonniers. Pour otages, la Commune avait les gendarmes et quelques hommes emprisonnés à la suite des événements du 18 Mars, mais elle fit en outre incarcérer le président Bonjean, l'archevêque de Paris Darboy et plusieurs ecclésiastiques.

La Commune voulant que les rabbins, les pasteurs protestants, les desservants et les curés de Paris reçoivent leurs honoraires de ceux-là seulement qui les occupent, décrète la suppression du budget des cultes.

Le 6 avril, les Versaillais, reprenant l'offensive, attaquent le pont de Courbevoie, s'avancent jusqu'à Neuilly et s'y établissent. Les Versaillais dont les forces augmentent chaque jour, forment deux armées placées sous le commandement du maréchal de Mac-Mahon.

Pour empêcher les départements de venir au secours de la Commune de Paris, M. Thiers ne cessait d'adresser des circulaires aux préfets. Il leur disait : « Toute tentative de sécession essayée par une partie quelconque du territoire sera énergiquement réprimée en France ainsi qu'elle l'a été en Amérique. » La Commune, de son côté, adressait au peuple français la déclaration suivante : « Nos ennemis se trompent ou trompent le pays quand ils accusent Paris de vouloir imposer sa volonté ou sa suprématie au reste de la nation et de prétendre à une dictature qui serait un véritable attentat contre l'indépendance et la souveraineté des autres communes. Ils se trompent ou trompent le pays quand ils accusent Paris de poursuivre la destruction de l'unité française, constituée par la Révolution aux acclamations de nos pères, accourus à la fête de la Fédération de tous les points de la vieille France. »

Le 18 avril, les Versaillais s'emparent d'Asnières, et les gardes nationaux repassent la Seine dans le plus grand désordre. En vue de concentrer le pouvoir et de lui donner un nouveau degré d'énergie, fut institué le Comité de salut public composé de cinq membres : MM. Antoine Arnaud, Léo Meillet, Ranvier, Félix Pyat et Gérardin.

Le 29 avril, dix mille francs-maçons porteurs de rubans de diverses couleurs, marchent au son de la *Marseillaise* et bannières déployées, dans la direction de l'Arc de Triomphe, espérant que leur intervention fera cesser les hostilités. A Neuilly, dans la soirée, les Versaillais cessent leur feu, et trois délégués de la franc-maçonnerie se rendent à Versailles. Ils sollicitent M. Thiers et son entourage, que la haine dévorait, de mettre un terme à la guerre civile; vaines sont leurs instances, ils reprennent, le cœur oppressé, le chemin de la capitale. Elle allait continuer cette horrible lutte, cette lutte fraticide.

Le général Cluseret, délégué à la guerre, fut alors remplacé par le capitaine du génie Rossel. Mais à ce moment, la plus effroyable confusion régnait dans le gouvernement de Paris. C'était le Comité central, c'était la Commune, c'était le Comité de salut public donnant des ordres qui, après s'être croisés, allaient se perdre dans le chaos, avant-coureur d'une ruine prochaine.

Sur ces entrefaites, les troupes de Versailles s'approchent de l'enceinte, et dans la nuit du 3 au 4 mai, par la trahison d'un officier de la garde nationale, elles pénètrent nuitamment dans la redoute du Moulin-Saquet, en surprennent les défenseurs qui sont égorgés ou faits prisonniers. Le 9 mai, le fort d'Issy était définitivement occupé par les Versaillais, et le délégué à la guerre Rossel, décrété d'accusation par la Commune, parvenant à se soustraire aux poursuite dont il était l'objet, était remplacé par M. Delescluze.

Avant de quitter Paris, les Versaillais avaient laissé vides toutes les caisses gouvernementales, et chaque jour la solde de la garde nationale s'élevant à trois cent cinquante mille francs, la Commune fut obligé de contracter des emprunts à la Banque de France. Trois milliards trois cent millions étaient renfermés dans les caves de cette institution de crédit, responsable de deux milliards qui étaient dans la circulation.

La Commune de Paris et les gardes nationaux ne songèrent pas un seul intant à s'approprier ces immenses richesses. Un morceau de pain suffisait aux gardes nationaux, et la Commune prit une mesure conforme aux principes démocratiques, en décrétant que le maximum du traitement des fonctionnaires serait de six mille francs.

Tout à coup une étrange nouvelle se répand dans Paris. Au couvent de Picpus, on a trouvé renfermées dans des cages de pauvres religieuses victimes de haines implacables. Dans une chambre, des instruments de torture semblables à ceux dont on se servait dans les prisons de l'Inquisition. Cet événement produisit une sensation qui devint plus profonde encore lorsqu'on apprit l'horrible découverte faite dans les caveaux de l'église Saint-Laurent. Voici les principaux passages du rapport fait à ce sujet : « J'ai pu pénétrer hier dans le curieux ossuaire qui vient d'être découvert dans les substructions de l'église Saint-Laurent. Cette trouvaille, rapprochée des bruits sinistres qui coururent il y a quelques années, et surtout les circonstances singulières dans lesquelles elle s'est produite ont donné lieu à une enquête qui éclaircira sans doute ce mystérieux événement. La crypte où se trouvent les squelettes est située derrière le chœur, au-dessous de la chapelle de la Vierge, qui occupe le petit bâtiment circulaire faisant le coin de la rue du faubourg Saint-Martin et de la rue Sibour. On enjambe des décombres, puis on descend un petit escalier de pierre raide et sombre ; on pose pied sur une terre molle ou grasse, c'est l'entrée du caveau. Tout d'abord une odeur étrange me saisit à la gorge, odeur *sui generis* et que j'appellerai sépulcrale. Je venais de quitter le boulevard tout ensoleillé, et mes yeux ne s'habituaient pas encore à la lumière vacillante d'une bougie fichée dans la terre. Cette lueur frappait obliquement sur le crâne dénudé d'un squelette, dont elle accusait avec exagération les saillies et les dépressions. Les mâchoires étaient démesurément ouvertes, comme si le mort eût voulu, dans un suprême effort, lancer un appel désespéré. Autour de lui, tout était sombre. Bientôt cependant on apporta d'autres bougies et je pus me rendre compte de la conformation du caveau et de son funèbre contenu. C'est un hémicycle voûté, percé de deux soupiraux fort étroits, qui ont été bouchés à une époque relativement récente. On y pénètre par trois entrées fermées au moyen de deux pilliers en arceaux. Le côté droit seulement a été déblayé ; à gauche, la terre recouvre encore les squelettes peu profondément enfouis, car le pied se heurte à chaque instant à quelque affreux débris.

Quatorze squelettes ont été mis ainsi à découvert; mais ils recouvrent une seconde couche de cadavres et peut-être une troisième. Ils ont été ensevelis sans bière dans de l'humus ou terre de jardin et recouverts de chaux. Ils sont symétriquement pressés, et avec un ensemble de dispositions qui impliquerait que l'opération a été faite en une seule fois et avec la préoccupation de faire tenir le plus grand nombre de cadavres dans un espace donné. La plupart sont des squelettes d'hommes, reconnaissables surtout par la forme du crâne et la formation de l'os iliaque; leur taille varie de 1 m. 50 à 1 m. 70. Quatre sont disposés pieds contre pieds en forme d'éventail; un cinquième squelette dont on aperçoit seulement la tête et les vertèbres supérieures de l'épine dorsale, leur sert de traversin. Neuf autres sont ensevelis sur deux rangées, de façon que la tête de l'un touche presque les pieds de son voisin. Les mâchoires distendues de ces restes humains donnent, à la lumière, des effets d'un fantastique surprenant; par moment, il semble que ces os décharnés vont s'agiter pour raconter quelque lugubre tragédie. Presque toutes les têtes ont conservé leurs dents, et les sutures imparfaites de la boîte osseuse dénotent la jeunesse des sujets. Ces têtes sont généralement penchées à droite, ce qui indiquerait que l'ensevelissement a eu lieu avant la rigidité cadavérique. En outre, l'inhumation, paraissant de beaucoup postérieure aux décrets de la première Révolution qui interdit l'ensevelissement dans les églises, doit avoir été sinon criminel au moins illégal………… Près de la tête d'un squelette de femme, déterré non loin d'un des pilliers de la triple entrée, on a trouvé un peigne d'écaille dont la fabrication ne peut remonter fort loin……… Après avoir assisté à la reproduction photographique des squelettes à l'aide de la lumière électrique, je me suis empressé de quitter ce lieu funèbre dont la pesante atmosphère commençait à m'écœurer.

J'ai remonté le petit escalier de pierre en haut duquel on m'a fait remarquer une excavation pratiquée sous la maçonnerie en brique du calorifère, et dont la récente construction est de toute évidence. Là ont été retrouvés sept cadavres; leur enfouissement ne peut absolument remonter à plus de quelques années et la situation anormale de leur sépulture *prouve surabondamment qu'il y a crime. Quel est l'assassin? quelles sont les victimes?* Il y a, renfermé dans une armoire, le squelette d'une jeune femme encore orné de magnifiques cheveux blonds. Les commères qui assiègent les alentours de l'église parlent de la fille d'un marchand de vin du quartier. On ne sait quel fondement accorder à ce bruit qu'éclaircira l'instruction. Toujours est-il qu'il y a là un fait mystérieux, illégal, dont la justice est saisie, et c'est d'elle que les citoyens doivent attendre les éclaircissements qui leur sont dus. Le curé de Saint-Laurent est en fuite, ainsi que ses vicaires. »

L'entrée des Versaillais dans Paris fit cesser les poursuites commencées contre les auteurs présumés des crimes de Picpus et de Saint-Laurent.

Il fut arrêté que la maison de M. Thiers, située place Saint-Georges, serait rasée, et que les meubles en seraient vendus pour le produit être affecté aux pensions et aux indemnités accordées aux veuves et aux orphelins des victimes de la guerre civile. M. Thiers, dont la maison ne fut que légèrement endommagée par un commencement de démolition, fut appelé à recevoir, par un vote de l'Assemblée, une somme représentative de quinze fois la valeur de son immeuble.

En 1814, les royalistes, pour célébrer dignement l'entrée des ennemis dans la capitale, firent abattre la statue de Napoléon Ier placée au sommet de la colonne Vendôme. Après le 4 Septembre 1870, des membres et des fonctionnaires du gouvernement insurrectionnel demandèrent en termes violents la destruction de la colonne :

enfin, le 16 mai 1871, la Commune la fit renverser.

Dans la soirée du lendemain, une terrible explosion fit sauter la cartoucherie de l'avenue Rapp; les habitants de ce quartier crurent que leur dernière heure était venue. Le *Journal officiel* annonçait ainsi la catastrophe : « Le gouvernement de Versailles vient de se souiller d'un nouveau crime, le plus épouvantable et le plus lâche de tous. Ses agents ont mis le feu à la cartoucherie de l'avenue Rapp et provoqué une explosion effrayable. On évalue à plus de cent le nombre des victimes; des femmes, un enfant à la mamelle ont été mis en lambeaux. Quatre des coupables sont entre les mains de la sûreté générale. ».

Peu à peu les gardes nationaux sont refoulés dans l'enceinte, et le dimanche 21 mai, vers trois heures, M. Ducatel, terrassier au service de la Commune, monte sur le rempart de la porte de Saint-Cloud, abandonné par les gardes nationaux, agite un mouchoir blanc et crie aux avant-postes versaillais que l'entrée est libre. A ce signal, les troupes pénètrent dans la ville.

M. Ducatel reçut, à titre de récompense, une somme supérieure à cent mille francs, fut fait chevalier de la Légion d'honneur, puis nommé à l'importante perception de Melun que nécessairement il dut faire gérer par un fondé de pouvoir. Mais peu après, des détournements ayant été commis et la caisse de la perception étant devenue l'objet de trop vastes désirs, M. Ducatel fut enfin révoqué de ses fonctions.

CHAPITRE IX

Frayeur des habitants à la nouvelle de l'entrée des versaillais dans Paris. — Les proclamations du Comité de salut public. — Les prisonniers sont fusillés à Auteuil et à Passy. — Au parc Monceau, le général Clinchant veut s'opposer aux exécutions ; son impuissance. — L'église de Montrouge. — Prise de Montmartre ; les volontaires exercent les plus horribles cruautés. — Le docteur Lecca est tué. — Exécutions à la mairie des Batignolles. — Affreux carnage dans l'église de la Madeleine. — La mairie Drouot ; la rue des Rosiers. — Dispersion des membres de la Commune. — Incendie des monuments publics : Prieur de la Comble. — La Butte-aux-Cailles. — Mort du docteur Faneaux ; la mairie de V^e arrondissement ; le Collège de France. — Mort de l'archevêque de Paris et de cinq otages. — MM. Chaudey et Raoul Rigault. — Fin tragique des dominicains d'Arcueil. — Mort de Delescluze. — M. Millière est arraché de sa demeure et fusillé. — La rue Haxo. La prison de la Roquette et le cimetière du Père-Lachaise. — Les hommes à brassard. — Mort du docteur Tony Moilin au Luxembourg. — Le tribunal du Châtelet et le grand-juge M. Vabre. — La caserne Lobau et la Roquette. — M. Benjamin Raspail. — Circulaire de M. Jules Favre, autrefois excitateur des prolétaires contre le gouvernement.

Dans la matinée du lundi 22 mai, les versaillais, du côté de la rive droite, s'avancent jusqu'à la Muette et au Trocadéro ; sur la rive gauche, ils se répandent en grand nombre dans le quartier de Grenelle. A cette nouvelle, la terreur se communique de proche en proche un mouvement inaccoutumé règne dans la ville :

le tocsin ébranle les airs, tandis que les gardes nationaux sont appelés sous les armes et par le son des clairons et par le roulement des tambours. On ne songe plus qu'à la défense. Le Comité de salut public et le délégué à la guerre Delescluze prennent les mesures qu'exige la gravité de la situation. Le Comité de salut public annonce à la population que les versaillais auxquels la porte de Saint-Cloud a été livrée par trahison, se sont répandus sur une partie du territoire parisien : « Ce revers, loin de vous abattre, doit être un stimulant énergique. Le peuple qui détrône les rois, qui détruit les bastilles, le peuple de 1789 et de 1793, le peuple de la Révolution ne peut perdre en un jour le fruit de l'émancipation du 18 Mars. Parisiens, la lutte engagée ne saurait être désertée par personne ; car c'est la lutte de l'avenir contre le passé, de la liberté contre le despotisme, de l'égalité contre le monopole, de la fraternité contre la servitude....... »

En même temps, le Comité faisait aux soldats de l'armée de Versailles un appel pressant qu'il terminait par ces mots : « Ce que vous avez fait au 18 Mars, vous le ferez encore, et le peuple n'aura pas la douleur de combattre des hommes qu'il regarde comme des frères et qu'il voudrait voir s'asseoir avec lui au banquet civique de la liberté et de l'égalité. Venez à nous, frères, venez à nous, nos bras vous sont ouverts. »

Dès que les versaillais entrèrent dans Paris, ils ne firent point de quartier aux prisonniers. A Auteuil et à Passy, ils en firent périr un nombre considérable. Un mur de la rue du Ranelagh a longtemps porté les traces de la fusillade qui abattait ceux qu'une dénonciation, un pantalon de garde nationale ou des souliers Godillot avaient signalé à la vigilance soupçonneuse et craintive des soldats de l'armée de Versailles, à qui chaque jour M. Thiers et son entourage disaient : « Les brigands parisiens chercheront à vous empoisonner en vous offrant à boire, et s'ils vous font prisonniers, ils vous enduiront de pétrole avant de vous brûler. » Peu après M. Thiers, pour empêcher que la voix de l'humanité ne s'élevât avec force contre les terribles exécutions dont Paris était le théâtre, M. Thiers écrivait à ses préfets : « Sous le prétexte de réconforter nos soldats, des femmes ont essayé de leur faire boire des verres de liqueurs empoisonnées. »

Aussi les soldats qui avaient ajouté foi à toutes ces grossières impostures étaient-ils animés contre Paris d'une haine ayant manifestement tous les symptômes du délire.

Le général Clinchant apprend que des prisonniers sont exécutés au parc Monceau. Il accourt et aperçoit un piquet de sergents de ville occupés à fusiller des hommes et des femmes qui, plongés dans la stupeur, reçoivent la mort sans pousser un cri, sans proférer le moindre mot, sans que le murmure même monte à leurs lèvres décolorées.

Le chef des agents dit au général Clinchant, qui voulait faire cesser les exécutions : « Ceux et celles que nous fusillons, nous ont été nominativement désignés par des ordres venus de Versailles. Les exécutions sont donc faites régulièrement, légalement. » A ces mots, le général Clinchant, pénétré de l'indignation la plus vive, exhala sa douleur en termes amers, mais il dut se retirer, et laisser les sergents de ville accomplir tranquillement leur sanglante mission.

Sur un autre point de Paris, dans la rue Lecourbe, des garçons de l'abattoir de Grenelle qui avaient refusé de se mettre au service de la Commune, mais qui laissaient voir sous leurs cottes le pantalon de garde nationale qu'ils portaient pendant le siège, furent fusillés sous prétexte que ce pantalon était la preuve matérielle de leur participation active au mouvement insurrectionnel. Après leur défaite, des centaines de gardes nationaux se réfugient dans l'église de Montrouge, les versaillais les y suivent, les tuent et percent leurs cadavres de coups de baïonnette.

A la fin du jour, les versaillais occupaient la gare Saint-Lazare et le palais de l'Industrie, et sur la rive gauche, ils s'étaient avancés jusqu'au Palais-Bourbon et à la gare Montparnasse, où ils fusillèrent cinq femmes qui leur avaient été dénoncées pour avoir donné des soins aux gardes nationaux blessés et montré un grand dévouement pour la Commune.

Le mardi 23, à quatre heures du matin, les troupes s'ébranlent et, se précipitant vers les pentes qui conduisent au sommet de la butte Montmartre, enlèvent les barricades, mettent en fuite les gardes nationaux qui se hâtent d'aller chercher refuge dans les maisons voisines. Vers une heure, le drapeau tricolore, arboré sur le moulin de la Galette et la tour Solférino, annonce que Montmartre est au pouvoir des versaillais qui, une fois maîtres d'une position aussi importante descendent, renversant tout sur leur passage, vers la partie centrale de la ville, et s'emparent de Notre-Dame-de-Lorette, de la mairie Drouot, du nouvel Opéra ainsi que de la Madeleine.

Dans cette journée, une foule de prisonniers furent tués à Montmartre par les *volontaires* dont j'ai parlé dans le chapitre précédent. Par eux la rue Marcadet fut couverte de cadavres.

Un de leurs chefs, nommé Durieu, qu'animait une ardeur sauvage, se chargeait spécialement du soin de faire sauter le crâne des prisonniers à coups de revolver. Le docteur Lecca, qui avait généreusement consacré son temps et ses forces à prodiguer les secours de son art aux gardes nationaux agonisant dans les ambulances, le docteur Lecca eut la tête fendue et le ventre ouvert. Le docteur Lecca laissait sept enfants.

L'intérieur de la mairie des Batignolles offrait aux regards un spectacle plein d'épouvante, les employés de même que les gardes nationaux qui s'y étaient réfugiés ayant été mis à mort, le sang ruisselait partout ; de tous côtés des cadavres. Les gardes nationaux blessés que les versaillais découvrent dans les maisons sont, malgré les cris que leur arrache la souffrance, précipités dans la rue et criblés de balles sous les yeux de leurs amis ou de leurs proches, muets de terreur. Les employés de la mairie de Montmartre n'échappent au massacre que par la puissante intervention du colonel Périer, ému de compassion à la vue de tant de victimes. Des gardes nationaux au nombre de trois cents environ, viennent chercher un asile dans l'église de la Madeleine ; les versaillais accourent, pénètrent dans le sanctuaire et de terribles imprécations suivies de coups de feu font retentir les voûtes, puis çà et là les gardes nationaux tombent, se relèvent, et s'affaissent enfin en inondant de leur sang ces lieux qui rappelleront toujours à ceux qui les fréquentent l'impérissable souvenir de ces sacrifices humains.

À la mairie Drouot, un tribunal était établi dans le prétoire de la justice de paix. Des sentences de mort sont prononcées contre la plupart des prisonniers qui y sont amenés, soit par les versaillais, soit par les hommes à brassard. On tuait dans la cour de la mairie.

Dans la maison de la rue des Rosiers, où les généraux Lecomte et Clément Thomas perdirent la vie, il y avait un tribunal présidé par un capitaine de chasseurs à pied. Là, on amenait les prisonniers, c'est-à-dire ceux qu'une vareuse, un pantalon, une paire de souliers, une vengeance particulière, le soupçon ou la délation désignaient à la fureur des versaillais. Avant de mourir, des femmes, des enfants, des vieillards, tous les prisonniers en un mot étaient obligés de passer de longues heures à genoux et de demander, dans cette posture de suppliants, pardon aux mânes des deux généraux.

Dans la soirée du 24 mai, c'est-à-dire le *mercredi*, les versaillais, occupant déjà la moitié de Paris, s'étaient emparés de la place de la Concorde, de l'Hôtel de ville et du Panthéon. Leur front de bataille s'étendait des chemins de fer du Nord et de l'Est jusqu'au parc de Montsouris. Les membres de la Commune, obligés de se disperser, sont à partir de ce moment sans pouvoir et sans force. Le *Journal officiel* de la Commune paraît ce jour-là pour la dernière fois. Le palais de la Légion d'honneur, la cour des comptes, le conseil d'Etat et les Tuileries sont la proie des flammes. Quels furent les auteurs de ces incendies ? Devant la commission d'enquête sur les événements du 18 Mars, l'amiral Saisset a accusé les bonapartistes d'avoir fait incendier ces monuments dans le but de détruire les papiers secrets du règne de Napoléon III, lesquels y étaient renfermés. Deux hommes, Boudin et Benot furent bien, il est vrai, condamnés à la peine de mort pour complicité d'incendie, mais leur procès, dont les débats furent longs, ne fit point connaître à qui ces désastres devaient être attribués. Le délégué à la guerre, M. Delescluze, avait prescrit de mettre le feu aux maisons qui flanquaient les barricades si cela était jugé nécessaire pour arrêter la marche des versaillais ou procurer de nouveaux moyens à la défense. En conséquence de cet ordre quelques maisons furent en effet endommagées pendant le combat. Tandis que, d'une part, les boulets portent la destruction et la flamme, d'autre part, des incendiaires promènent la torche pour satisfaire leur vengeance personnelle. Au mois de mars 1878, le fils du maire du premier arrondissement de Paris au temps de l'Empire, M. Prieur de la Comble, comparut devant les assises de la Seine. Espérant trouver des ressources dans les stipulations d'une police d'assurance contre l'incendie, il mit le feu à la maison qu'il habitait après l'avoir soigneusement pétrolée. Pour ce fait, il fut condamné aux travaux forcés à temps, et les débats du procès révélèrent que les maisons des avocats, avoués, agréés, notaires, syndics et huissiers qui avaient exercé autrefois leur ministère dans la faillite de M. Prieur de la Comble père, furent réduites en cendres par une main criminelle. L'incendiaire Prieur de la Comble eut de nombreux imitateurs dans cette terrible semaine de mai 1871.

Du côté de la Butte-aux-Cailles, quartier de l'indigence, les versaillais perquisitionnent avec ardeur, tirent des caves les gardes nationaux qui, pour ne point se battre, s'y étaient réfugiés. Les prisonniers de toute provenance sont rapidement exterminés et les rues peu après sont remplies de cadavres affreusement mutilés.

Au séminaire de Saint-Sulpice, une ambulance était établie, qui avait pour médecin en chef le docteur Faneau. Suivi de quelques soldats, un capitaine y fait irruption et, d'un coup de pistolet, abat le docteur Faneau en lui disant : « Ton ambulance n'est qu'un nid d'insurgés. » Le docteur Faneau respirait encore, un soldat avec la crosse de son fusil lui écrase la tête. Les versaillais se dirigent vers l'ambulance, et par eux, deux brancardiers sont rencontrés qui subissent le sort du docteur Faneau. Le capitaine va d'un lit à l'autre, interroge le malade, puis se tournant vers les soldats : « Une balle dans la tête. » Un commandant de chasseurs vint mettre fin à cette horrible destruction. Le lendemain, la mère du docteur Faneau voulut voir le cadavre de son fils étendu dans la cour du séminaire. Éperdue, elle se jette sanglotante sur le corps glacé de son enfant, elle le presse, elle l'interpelle, elle lui demande s'il vit, et les yeux hagards, la figure livide, elle s'évanouit sur le cadavre mutilé du docteur Faneau.

A la mairie du cinquième arrondissement, les employés, parmi lesquels se trouvaient des enfants de douze à quinze ans, et les gardes nationaux sont fusillés dans les salles où ils s'étaient précipitamment retirés.

Au Collège de France, il y avait un tribunal installé dans la loge du concierge se composant de deux pièces ; dans la première, on rendait la justice : le colonel Robert, depuis promu général et mort à Rouen en 1878, faisait fonction de président et avait pour assesseurs un capitaine de gendarmerie, un officier de paix, deux capitaines de la ligne et un de ces êtres impurs appelés improprement agents des mœurs. Le président Robert interrogeait les prisonniers de la manière suivante: « Vous avez fait partie de la Commune, vous en étiez, cela se voit à votre mine. Allez, allez. » Quelques instants après, les prisonniers étaient tués à quelques pas du tribunal.

Devant les membres de la commission d'enquête, le maréchal de Mac-Mahon, après avoir affirmé qu'il avait donné des ordres pour empêcher le massacre des prisonniers a dit: « *Malheureusement, sur certains points, on a oublié les instructions que j'avais données.* »

Le récit des événements que je viens de rapporter vole de bouche en bouche dans les quartiers occupés par les gardes nationaux qui, exaspérés, rendus furieux, se disposent à user de représailles. La colère est à son comble, de toutes parts, on crie : « Les versaillais assassinent nos frères. Vengeance ! vengeance ! »

A partir de ce moment, c'en est fait des otages.

Le 7 avril, M. Deguerry, curé de la Madeleine, écrivait au gouvernement de Versailles : « Les exécutions de prisonniers soulèvent de grandes colères à Paris et peuvent produire de terribles représailles. » Le lendemain l'archevêque de Paris s'adressait par lettre à M. Thiers pour le prier d'empêcher l'exécution des gardes nationaux prisonniers, M. Thiers lui répondit : « Je repousse les calomnies qu'on vous a fait entendre, j'affirme que jamais nos soldats n'ont fusillé les prisonniers. »

A l'écrivain anglais M. Senior, qui demandait à M. Thiers pourquoi, dans sa lettre à l'archevêque, il avait nié que des prisonniers eussent été exécutés, et par M. de Galliffet à Chatou, et par M. Vinoy au Petit-Bicêtre, M. Thiers répondit : « Il était de mon devoir de nier des faits de cette nature. »

MM. Jules Vallès, Vermorel, Mortier et Longuet firent en vain les plus grands efforts pour arracher les otages à leur fin tragique. Un capitaine de la garde nationale, M. Verigg, à la tête d'un peloton appartenant à divers bataillons se rend à la Roquette et demande les six détenus suivants qui lui furent livrés : c'étaient M. Darboy, archevêque de Paris, M. Bonjean, président de la chambre des requêtes à la cour de cassation, l'abbé Allard ; les jésuites Clerc et Ducoudray et M. Deguerry, curé de la Madeleine. Après avoir été passé par les armes dans le chemin de ronde de la prison ils furent inhumés provisoirement au cimetière du Père-Lachaise.

Esprit éminemment philosophique, écrivain remarquable par l'éclat du style comme par la grandeur des idées, l'archevêque de Paris s'était élevé avec force contre certains dogmes religieux qu'il mettait au nombre des fantasmagories pontificales. En 1865, le pape lui avait écrit une longue lettre contenant le paragraphe suivant : « Par vous même, vénérable frère, vous pouvez comprendre l'étonnement qui nous accable, quand nous nous arrêtons à la pensée que vous mettez en avant de ces doctrines fausses et erronées, c'est-à-dire, de ces idées en contradiction avec la doctrine catholique, et que par cela même, en tant qu'évêque catholique, vous deviez rejeter *avec horreur.* »

La Commune avait proposé de relaxer l'archevêque de Paris et quelques autres otages, à la condition que le gouvernement de Versailles ferait cesser la captivité de M. Blanqui, détenu dans une geôle du Midi, pour avoir tenté de renverser le gouvernement insurrectionnel dans la journée du 31 octobre 1870. M. Washburne, ministre des Etats-Unis à Paris, intervint auprès de la Commune en faveur de l'archevêque. Il essaya sans succès de déterminer le gouvernement de M. Thiers à accepter l'échange proposé. Le secrétaire de la légation des Etats-Unis, M. Wickham Hoffmann a écrit à son gouvernement que la plupart des catholiques ultramontains de l'Assemblée de Versailles, loin de chercher à sauver l'archevêque, l'avaient vu sans peine périr dans la tourmente.

Dans la nuit précédente, M. Raoul Rigault procureur de la Commune avait, dans la prison de Sainte-Pélagie, fait exécuter M. Chaudey qui, en réponse à l'accusation d'avoir fait tirer sur le peuple, le 22 janvier 1871, avait écrit: « Nous avons fait le 22 janvier à l'Hôtel de ville ce que nous jugions être de notre devoir. » Vers cinq heures du soir, M. Raoul Rigault revêtu de l'uniforme d'officier de la garde nationale, est fait prisonnier au moment où il sonnait à la porte d'un hôtel de la rue Gay-Lussac. A peine est-il reconnu qu'il est fusillé.

Dans la matinée du jeudi 25, les gardes nationaux abandonnent les forts de Montrouge, de Bicêtre et d'Ivry près d'être investis. Ils rentrent dans Paris, traînant à leur suite les dominicains d'Arcueil accusés d'avoir entretenu des intelligences avec les avant-postes versaillais. Les religieux sont conduits à la prison disciplinaire du secteur, avenue d'Italie, n° 38. A chaque instant, arrivent des gardes nationaux qui, passant tour à tour de l'abattement du désespoir à l'exaltation de la colère, racontent les événements qui s'accomplissent dans les quartiers occupés par les versaillais. Alors les esprits s'animent, la fureur éclate dans tous les yeux. Les dominicains vont périr. A quatre heures on les fait sortir de la prison, mais au moment où ils en franchissent le seuil, des coups de feu les atteignent, douze d'entre eux s'affaissent, tandis que les autres parviennent à gagner les maisons voisines.

Les abords de la mairie du onzième arrondissement où s'étaient retirés les membres du Comité de salut public et le délégué à la guerre étaient sur le point de tomber au pouvoir des versaillais. M. Delescluze apprend que les otages ont été fusillés. Le visage couvert d'une pâleur mortelle, il s'écrie : « Quelle guerre ! puis il ajoute : nous aussi nous saurons mourir. » Vers sept heures du soir, M. Delescluze quitte la mairie et se dirige lentement vers la barricade du Château-d'Eau. Les maisons sont fermées, les rues désertes ; rien que le sifflement des balles, rien que des cadavres qui gisent çà et là, et le soleil éclairant de ses derniers rayons cette scène de désolation et de deuil. Seul et sans armes, M. Delescluze arrive au pied de la barricade, il la gravit non sans peine, et parvenu au sommet une effroyable décharge le renverse. Delescluze avait cessé de vivre.

Avant la nuit les versaillais s'étaient rendus maîtres de toute la rive gauche ; ils avaient, sur la rive droite, enlevé la prison de Mazas et le Château-d'Eau.

Dans le courant de la journée du lendemain, vendredi 26 mai, les gardes nationaux sont refoulés dans les quartiers excentriques de

Villette, de Belleville et de Charonne. M. Millière, député à l'Assemblée nationale, était chez son beau-père, M. Fourès, rue d'Ulm, lorsque, le 26 mai, deux soldats vinrent l'arrêter, puis le conduisirent devant le capitaine Garcin. D'une intelligence remarquable, instruit, éloquent, M. Millière était docteur en droit, et avait dans sa jeunesse exercé brillamment la profession d'avocat à Dijon. Mêlé aux événements politiques lors du coup d'État du 2 décembre 1851, il comparut devant une commission mixte qui le condamna à la déportation. Rentré en France après l'amnistie de 1859, il remplit les difficiles fonctions de chef du contentieux à la compagnie d'assurance contre l'incendie le Soleil. Aux derniers jours de l'Empire, il était un des principaux rédacteurs de *la Marseillaise*, journal de M. Henri Rochefort. Élu député de Paris à l'Assemblée nationale, le 8 février 1871, par soixante-treize mille voix, il essaie, de concert avec plusieurs de ses collègues, d'arrêter la guerre civile à son début, et se dévoue généreusement à l'œuvre de la conciliation. Sa noble tentative est vaine, la guerre civile se déchaîne, sourde à la voix de l'humanité, implacable, avec son terrible cortège de fureurs. Dès ce moment, M. Millière se tint complètement à l'écart, étranger aux déplorables événements qui se déroulaient avec une inflexible logique

En proie à une profonde tristesse, il s'était retiré dans la maison de son beau-père où il fut arrêté dans la matinée du 26 et fusillé.

Au sujet de la mort du député Millière, le capitaine Garcin a, devant la commission d'enquête sur les événements du 18 Mars, déposé en ces termes : « Je m'adressai à lui et je lui dis : « Vous êtes bien Millière ? » — Oui, mais vous n'ignorez pas que je suis député. — C'est possible, mais je crois que vous avez perdu votre caractère de député. Du reste, il y a parmi nous un député, M. de Quinsonas, qui vous reconnaîtra.

» J'ai dit alors à Millière que les ordres du général de Cissey étaient qu'il fût fusillé. Il m'a répondu : « Pourquoi ? » Je lui ai répondu : « Je ne vous connais que de nom. *J'ai lu des articles de vous qui m'ont révolté. Vous êtes une vipère sur laquelle on met le pied.* Vous détestez la société. » Il m'a arrêté en me disant avec un air significatif : « Oh, oui ! je la hais cette société ! — Eh bien ! elle va vous extraire de son sein. Elle va vous passer par les armes. — C'est de la justice sommaire, de la barbarie, de la cruauté. — Et toutes les cruautés que vous avez commises, prenez-vous cela pour rien ? Dans tous les cas, du moment où vous dites que vous êtes Millière, il n'y a pas autre chose à faire. »

« Le général de Cissey avait ordonné qu'il

serait fusillé au Panthéon, à genoux, pour demander pardon à la société du mal qu'il lui avait fait. Il s'est refusé à être fusillé à genoux. Je lui ai dit : « C'est la consigne, vous serez fusillé à genoux et pas autrement. » Il a joué un peu la comédie : il a ouvert son habit, montrant sa poitrine au peloton chargé de l'exécution. Je lui ai dit : « Vous faites de la mise en scène; vous voulez qu'on dise comment vous êtes mort. Mourez tranquillement. Cela vaut mieux. — Je suis libre, dans mon intérêt et dans celui de ma cause, de faire ce que je veux. « Soit, mettez-vous à genoux. » Alors il m'a dit : « Je ne m'y mettrai que si vous m'y faites mettre par deux hommes. » Je l'ai fait mettre à genoux et on a procédé à son exécution. Il a crié : « Vive l'humanité ! Il allait crier autre chose quand il est mort. »

Quelques heures après la mort du député Millière, quelques ecclésiastiques et d'autres individus détenus comme otages, sont extraits de la prison de la Roquette, et conduits dans la rue Haxo par un détachement de gardes nationaux. La foule pousse contre eux des rugissements mêlés à des cris de mort. Varlin, membre de la Commune, tente de ramener les furieux à des sentiments d'humanité. Lui-même est alors menacé. On l'accuse, à cause de son intervention en faveur des otages, d'être l'ami des versaillais qui anéantissent une partie de la population sur tous les points de la capitale. Les otages sont sacrifiés. Au déclin du jour, la plupart des gardes nationaux se sont réfugiés sur les buttes Chaumont et les hauteurs du Père-Lachaise.

Le lendemain, c'est-à-dire le *samedi 27 mai*, on entend dans la prison de la Roquette ce cri plusieurs fois répété : « Les versaillais. » Les gardes nationaux s'enfuient dans toutes les directions, et les otages recouvrent la liberté. Ils sortent précipitamment, se heurtent contre des barricades, et la fusillade éclatant sur tous les points, quatre des fugitifs sont atteints, parmi lesquels l'évêque de Surat, les autres parviennent à s'échapper. Peu après, les versaillais s'emparent de la Roquette et poursuivent les gardes nationaux réfugiés dans le Père-Lachaise. Là, dans ce suprême séjour des hommes, dans ces lieux pleins du souvenir de ceux qui nous ont précédés dans la vie, un affreux combat s'engage : imprécations, cris de fureur, cliquetis des armes, lutte corps à corps, gardes nationaux poursuivis et égorgés dans les caveaux ou rendant leur dernier soupir sur les dalles tumulaires inondées de leur sang. Dans la soirée, les versaillais couvrent les buttes Chaumont et occupent le cimetière du Père-Lachaise.

Le lendemain *dimanche 28 mai*, c'est le dernier jour de la bataille. Les versaillais enlèvent l'église de Belleville et la grande barricade du faubourg du Temple. A trois heures de l'après-midi, ils sont maîtres de tous les quartiers de la capitale. Pendant la semaine dont je viens de raconter les terribles événements, le bruit court que des femmes, des gardes nationaux et des pompiers versent du pétrole dans les caves. La crédulité populaire se laissant prendre à ce grossier mensonge, on se hâte d'étouper les soupiraux. Il fut grand le nombre des victimes faussement accusées d'avoir incendié les maisons au moyen du pétrole. Les individus à brassard, appelés les *amis de l'ordre*, s'étaient faits dans Paris les vigilants auxiliaires de la police. Faire le guet dans les rues, arrêter les passants, les conduire devant les juges, signaler les suspects qu'on arrache de leurs demeures, voilà l'œuvre de ces amis de l'ordre qui, par ce moyen, se débarrassèrent d'un créancier importun, d'un concurrent redoutable ou d'un heureux rival. Toutes ces turpitudes ont été mises en pleine lumière lorsque plus tard, au sujet de ces événements, des condamnations furent prononcées contre quelques-uns des hommes à brassard.

Il fut effrayant le nombre des délateurs. La préfecture de police reçut près de quatre cent mille dénonciations. Poussés par une basse jalousie, des médecins, rebut du corps médical, désignèrent aux tribunaux *leurs chers confrères* qui avaient donné des soins aux gardes nationaux. M. le docteur Tony Moilin fut une de leurs victimes ; on le fusilla au Luxembourg, cet homme qui tant de fois avait passé ses veilles au chevet des malades, qui aimait les pauvres, secourait ceux pour qui la vie n'est qu'un funeste présent. Il fut apôtre, il fut martyr. La mort du docteur Tony Moilin fit verser bien des larmes dans les réduits de la misère.

Des tribunaux avaient été créés dans tous les arrondissements de Paris, et les deux principaux tinrent leurs audiences au Luxembourg et au théâtre du Châtelet. Au Luxembourg, les prisonniers étaient déclarés *ordinaires* ou *classés*. Les *ordinaires* étaient dirigés sur Versailles, les *classés* étaient tués tout de suite.

Au Châtelet, le tribunal avait pour président un colonel de la garde nationale, M. Vabre, nommé grand-juge par M. Thiers. Cet homme avait été sergent dans un régiment de ligne et charbonnier route d'Asnières, près de la Seine. Au commencement de la guerre, il fut élu chef de bataillon de la garde nationale à Clichy, puis nommé colonel et chevalier de la Légion d'honneur par le gouvernement insurrectionnel qu'il avait soutenu à l'Hôtel de Ville dans la journée du 31 octobre 1870. Il devint officier de la Légion d'honneur pour avoir rempli les fonctions de grand-juge au Châtelet. Plus tard il se retira en province après avoir changé de nom. Le grand-juge, M. Vabre, rendait ainsi la justice. Quand il disait : « *Transférez à la brigade* », les prisonniers étaient condamnés à mort. Lorsqu'il prononçait ces mots : « Porte de droite », les prisonniers étaient transférés à Versailles.

Les condamnés à mort sont escortés par un peloton de chasseurs à pied qui les conduit dans la cour de la caserne Lobau. Chaque *fournée* se compose d'une quarantaine de victimes sur lesquelles on exécute des feux de peloton. La plupart tombent, les autres quoique mortellement atteints, se débattent au milieu des convulsions de l'agonie, se relèvent dans un suprême effort et courent éperdus çà et là jusqu'à ce que le fer ou la fusillade mettent fin à leur supplice. Pour faire place aux *fournées* suivantes, les mourants et les cadavres sont jetés dans le même tombereau qui avec son chargement de débris humains prend la direction de la fosse commune. Trois mille personnes perdirent la vie à la caserne Lobau, où pendant six jours les *fournées* se succédèrent sans interruption.

Un témoin oculaire a écrit à M. Camille Pelletan, député à l'Assemblée nationale, une lettre dont voici les principaux passages : « J'ai vu sortir de la cour martiale séant au Châtelet six enfants conduits par quatre sergents de ville. L'aîné des enfants avait à peine douze ans, le plus jeune à peine six ans. Les pauvres petits pleuraient en passant au milieu de la haie formée par ces misérables...... « A mort ! à mort ! », criaient ces bêtes fauves, « cela ferait des insurgés plus tard. » Le plus petit des enfants était nu-pieds dans des sabots, n'avait que son pantalon et sa chemise, et pleurait à chaudes larmes. Je les ai vus entrer à la caserne Lobau. Au moment où la porte se referma sur eux, j'ai dit : C'est un crime de tuer des enfants. Je n'ai eu que le temps de me sauver, sans quoi j'allais au Châtelet comme tant d'autres.

A la Roquette les prisonniers qui, eux aussi, allaient bientôt recevoir la mort, on les obligeait à ramasser les cadavres des fusillés en leur disant : « En attendant votre tour, ramassez tous ces salauds et mettez-les dans les tapissières. » Deux mille neuf cents prisonniers furent massacrés à la Roquette. Ce fut un policier, dit-on, qui présidait le tribunal fonctionnant dans cette prison. Le nom de cet homme a toujours été ignoré. A l'exception de MM. Robert. et Vabre, opérant l'un au Collège de France, l'autre au Châtelet, l'autorité civile comme l'autorité militaire a constamment refusé de faire connaître les noms des individus qui présidèrent les sanglants tribunaux établis à cette époque dans tous les arrondissements de Paris.

A quel moment cessèrent les exécutions? Un membre de l'Assemblée nationale, M. Benjamin Raspail, fils du célèbre chimiste de ce nom, écrivait à la date du 20 avril 1880 : « Non, on ne saura jamais le nombre des tués pendant et après la lutte, et celui bien autrement énorme, des personnes qui, n'ayant pris aucune part à la Commune, furent fusillées, égorgées. Un détail encore peu connu : pendant plus de six semaines, chaque matin, de quatre à six heures, on exécuta au fort de Bicêtre. Dans les derniers jours, les fournées étaient encore d'une trentaine de victimes. Sur beaucoup de points de la banlieue, les tranchées qui avaient été établies contre les Prussiens, servirent à enfouir des monceaux de fusillés..... Il faut que la justice, que l'humanité et la civilisation noyées à cette époque, dans des torrents de sang, reprennent leurs droits. La véritable enquête n'a pu être faite tant la terreur était grande. Maintenant, elle peut l'être. Le premier point à établir, c'est que, dans tous ces lieux d'exécutions, on a exécuté sans forme de jugement, sans dresser le moindre procès-verbal. Dès lors, ce sont, après le combat, après la lutte, de véritables assassinats, et on connaît maintenant assez de ces assassins pour frapper quelques grands exemples. »

Dès le 26 mai 1871, un des principaux émeutiers du 4 Septembre, M. Jules Favre, ordonnait aux représentants de la France à l'étranger de demander l'extradition des personnes qui avaient pris part aux événements de la Commune : « Aucune nation, disait-il, ne peut les couvrir d'immunité, et sur le sol de toutes leur présence serait une honte et un péril. Si donc vous apprenez qu'un individu compromis dans l'attentat de Paris a franchi la frontière de la nation près de laquelle vous êtes accrédité, je vous invite à solliciter des autorités locales son arrestation immédiate et à m'en donner de suite avis pour que je régularise cette situation par une demande d'extradition. »

Aucun gouvernement n'accueillit la demande de M. Jules Favre, et quelques jours après, un journal anglais, organe ministériel, disait : « M. Jules Favre se trompe quand il dit que ce sera pour nous une honte ou un péril que de donner l'hospitalité aux vaincus. Il sait bien que l'extradition ne peut avoir lieu pour faits politiques. M. Jules Favre, pour exciter le prolétariat contre le gouvernement, a écrit : « *La société, dans son indifférence pour le travailleur*

croit s'acquitter envers lui en lui donnant un coin de terre, un *fossoyeur et un prêtre.* »
M. Jules Favre n'a-t-il pas, par ce langage immodéré, poussé le peuple à la révolte, révolte dont M. Jules Favre a su profiter pour renverser l'Empire et prendre sa place au moment où les troupes françaises étaient en face de l'ennemi. M. Jules Favre a été bien mal inspiré en écrivant cette circulaire. Nous n'avons pas autre chose à ajouter. »

CHAPITRE X

Discours de M. Thiers à l'Assemblée nationale. — Abrogation des lois d'exil. — Le général Trochu. — M. Ernest Picard. — Établissement de nouveaux conseils de guerre; les cours d'assises; les tribunaux correctionnels. — La Commission des grâces. — Les prisonniers sont dirigés sur Versailles; violences dont ils sont l'objet. — Fonctionnement de deux mitrailleuses. — M. Ulysse Parent. — Les pontons. — Plaidoirie de M⁰ Dupont de Bussac. — Paroles du colonel Vautré. — Le commandant Gareau, sa folie, sa mort. — M. Gaston Crémieux, son exécution. — M. Clément Laurier. — Le capitaine du génie Rossel, son jugement, sa mort. — Les deux substituts Campenon et Dubois. — Les poteaux de Satory. — Mort de Maroteau au bagne. — M. Guizot affirme le droit d'insurrection. — Les réfugiés de la Commune.

L'Assemblée nationale poursuivait le cours de ses travaux, fréquemment troublés par des discussions stériles, par de violentes récriminations qui allaient se perdre dans des vociférations et des cris de rage. Dans la séance du 8 juin 1871, l'élection de M. le duc d'Aumale et celle de M. le prince de Joinville, élus l'un et l'autre le 8 février, furent validées après que la Chambre eut voté l'abrogation des lois d'exil.

A cette occasion, M. Thiers prononça un long discours dans lequel il s'étendit avec complaisance sur ce qu'il appelait « *les extravagances criminelles des fous furieux du 4 Septembre qui avaient voulu la guerre à outrance*. » « On a dit, ajouta-t-il, que la République n'a jamais réussi. C'est vrai, j'en demande pardon à ceux qui m'écoutent, dans les mains des républicains », et il conclut en affirmant qu'il ne trahirait jamais la République. Il était au moins superflu que M. Thiers fit cette déclaration. En effet, qu'eût-il gagné au renversement de la République, de la République dont il était le chef suprême, c'est-à-dire le roi? Son intérêt était ici le sûr garant de sa fidélité.

C'est à cette époque que M. Trochu, avocat en épaulettes, s'emparant de la tribune, occupa plusieurs séances pour démontrer qu'il avait rendu des services exceptionnels alors qu'il était gouverneur de Paris. Parlant de la révolution du 4 Septembre, à l'avènement de laquelle il avait ardemment coopéré, bien qu'il eût prêté serment de fidélité entre les mains de l'empereur, il dit : « Ce grand mouvement n'était pas une révolution, *c'était la manifestation violente de l'angoisse publique.* »

Pour payer l'indemnité de guerre réclamée par la Prusse, et combler les vides budgétaires produits par le gaspillage et les folies ruineuses des hommes du 4 Septembre, le gouvernement eut recours à un emprunt dont le chiffre s'éleva à deux milliards cinq cents millions.

Par décret, les hommes du 4 Septembre avaient supprimé le cautionnement des journaux et des écrits périodiques, regardé non sans raison comme une entrave à la libre manifestation de la pensée. Chose étrange et bien digne de réflexions! ce fut l'un d'eux, M. Ernest Picard, qui en proposa et en obtint le rétatablissement. Avocat verbeux, M. Ernest Picard séduisit autrefois les électeurs par le radicalisme de son programme politique, et fut envoyé à la Chambre où il se fit remarquer par ses bons mots, ses réparties charmantes et ses airs parisiens. On l'appela « le spirituel député de la Seine ». Aux élections générales du mois de mai 1869, les démocrates de l'Hérault, sur la foi de ses pompeuses promesses, lui donnèrent leurs suffrages. Le *spirituel* député M. Ernest Picard prêt, comme la plupart de ses congénères, à devenir ministre de l'empereur Napoléon III, adressa à ses électeurs une circulaire peu propre à dissiper les soupçons dont il était justement l'objet : « Je suis, leur écrivait-il, pour la république acceptée contre la république de droit divin et, comme vous le pensez bien, nullement disposé à suivre l'exemple d'Ollivier. Je ne veux pas fonder une gauche constitutionnelle, c'est-à-dire dynastique, mais bien une opposition qui ne soit dynastique ni pour l'empire, ni même pour la République. »

C'est avec ce langage obscur, inintelligible, c'est avec ce pathos que le *spirituel* député se raillait délicatement de ses électeurs.

Après les terribles événements qui s'étaient accomplis dans la semaine du mois de mai 1871 où quarante mille personnes de tout âge et de tout sexe avaient été fusillées, M. Thiers, l'auteur principal de ces hécatombes humaines, voulut que l'on créât des tribunaux chargés de poursuivre et de frapper presque tous les habitants de la capitale, son intention était de faire mettre en jugement les trois cent mille électeurs qui, en vue de protester contre l'usurpation de l'Assemblée de Versailles, avaient voté pour l'établissement de la Commune. Son opinion cependant ne prévalut pas; il fut décidé que soixante mille hommes seulement seraient poursuivis.

Après les bouleversements qui avaient accompagné et suivi la révolution du 4 Septembre, l'amnistie était la mesure la plus généreuse, la plus noble, la plus utile, la plus grande, la plus patriotique qu'il fût possible de prendre. Elle seule pouvait ramener le calme dans le pays encore agité de tant de commotions, elle seule était assez puissante pour désarmer les haines et faire revivre la concorde et la paix.

Qu'elles sont vraies ces paroles de l'historien M. Victor Duruy, ancien ministre de l'instruction publique : « Dans les procès politiques, il n'y a point de juges, mais des vainqueurs et des vaincus. »

Dans les conseils du gouvernement de M. Thiers, seule l'inexorable vengeance exerça son détestable empire. En conséquence, on établit dans la première division militaire vingt-six conseils de guerre qui siégèrent au Mont-Valérien, à Versailles, à Saint-Germain, à Sèvres, à Rambouillet, à Rueil, à Saint-Cloud, à Chartres et à Vincennes. Dans les autres divisions, les tribunaux militaires fonctionnèrent dans les villes suivantes : Rouen, Lille, Châlons-sur-Marne, Besançon, Lyon, Marseille, Montpellier, Narbonne, Toulouse, Bayonne, Bordeaux, Nantes, Brest, Bastia, Bourges, Clermont-Ferrand, Limoges, Alger, Constantine et Oran.

Les cours d'assises de l'Oise, du Cher, de la Nièvre, de Saône-et-Loire, de la Drôme, de l'Isère, de l'Aveyron, du Gard, du Loiret, de la Seine, de la Marne, de Seine-et-Marne, des Basses-Pyrénées, du Puy-de-Dôme furent occupées à rendre des arrêts contre les vaincus.

Les tribunaux correctionnels reçurent l'ordre de condamner quelques-uns des fonctionnaires de la Commune pour usurpation de fonctions publiques. Quelle bizarrerie! Les membres de ces tribunaux étaient eux-mêmes usurpateurs des fonctions qu'ils remplissaient, tenant leur investiture des émeutiers du 4 Septembre.

L'Assemblée nationale nomma une commission des grâces composée des quinze individus dont les noms suivent : Joseph Martel, Polycarpe Batbie, le comte de Maillé, le comte Duchâtel, Peltereau-Villeneuve, Piou, Sacase, le comte de Bastard, Tailhand, le marquis de Quinsonas, Bigot, Merveilleux du Vignaux, Paris, Voisin, Corne.

La plupart des prisonniers furent dirigés à pied sur Versailles. Un soleil ardent dardait ses rayons sur leurs têtes nues, les coups de poing de leurs conducteurs ayant fait disparaître leurs chapeaux ou leurs képis. La soif les dévorait, et leurs poignets étaient déchirés par le frottement des cordes qui les liaient. Des malades, des blessés, des vieillards, des enfants, des femmes enceintes, succombant à la fatigue, se couchaient sur la route et refusaient d'avancer, un coup de sabre sur la tête ou une balle dans l'oreille mettait un terme à leur douloureuse agonie.

Les habitants de Versailles se montrèrent humains envers les prisonniers, mais il n'en fut pas de même de la part des hommes et des femmes que la peur avait chassés de Paris avant l'arrivée des Prussiens, et qui désiraient ardemment se venger de leur lâcheté comme de leur frayeur. C'étaient en partie des gommeux, des oisifs, et des jouisseuses de haut parage. Bestiale sous des dehors élégants, cette foule répandue dans l'avenue qui s'étend de la porte d'octroi à la place d'Armes, se ruait sur les vaincus, les frappait à coups de canne ou d'ombrelle, leur arrachait la barbe et les cheveux, leur crachait au visage.

Les prisonniers furent conduits au camp de Satory, à l'Orangerie et aux chantiers. Quelques-uns d'entre eux furent jetés dans des caves; privés d'air, ces infortunés avaient pour lit le sol nu ou de la paille pourrie; pour nourriture, du pain noir; pour boisson, de l'eau verdâtre. D'autres se trouvaient et le jour et la nuit exposés au vent, au soleil, à la pluie et ne pouvaient reposer leurs membres endoloris que sur la terre détrempée. Une nuit, l'atmosphère est embrasée, au loin le tonnerre gronde; tout à coup les éléments déchaînés versent des torrents qui submergent les prisonniers, ceux-ci se lèvent, font entendre des gémissements, des plaintes... Deux mitrailleuses tirent dans ce grouillement d'êtres humains, et aux premières lueurs du jour, on voit trois cents cadavres sans compter les mourants qui gisent au milieu des vivants pétrifiés.

Les *raisonneuses*, ainsi dénommées parce qu'elles protestaient contre les mauvais traitements qu'elles avaient à supporter, on les attachait à des poteaux par les jambes et par les mains, et on les y laissait jusqu'au moment où leurs membres étaient suffisamment meurtris. Parmi les *raisonneuses*, plusieurs étaient enceintes; elles pleuraient celles-là.

Un jour, c'est un enfant qui, pour avoir désobéi à un tortionnaire, est éventré d'un coup de pied. A quoi bon poursuivre le récit de ces horribles forfaits? Une enquête a révélé qu'un nommé Marcerou s'était, envers les prisonniers, rendu coupable de cruautés néroniennes.

Jouets de leurs gardiens, les prisonniers étaient souvent montrés à des visiteurs venant jouir du spectacle d'un ennemi abattu.

M. Ulysse Parent acquitté par le conseil de guerre devant lequel il comparut, et plus tard nommé membre du conseil municipal de Paris, M. Ulysse Parent fut conduit à Versailles et incarcéré dans une salle du château. Il a raconté dans les termes ci-après les visites qu'il y reçut:

« Subitement la porte s'ouvrit, et je vis entrer un groupe de gens bien mis, de tournure distinguée. Tout d'abord, je crus à quelque interrogatoire, mais, à ma grande surprise, ces nouveaux venus s'étaient contentés de tourner autour de moi, m'examinant curieusement, pour se retirer ensuite en chuchotant et à voix si basse que je n'entendis pas leurs malveillants commentaires. A ce premier groupe un second avait succédé, puis un troisième, et tous se livrant au même jeu. Intrigué à l'excès, je voulus me rendre compte de l'énigme et vis alors un personnage, évidemment haut placé et pour lequel il n'y avait pas de consigne, qui allait chercher ses amis auxquels il me livrait ensuite complaisamment en spectacle. Une fois de plus, je le vis revenir, il avait offert galamment le bras à une vieille dame, et tous deux entrèrent. Celle-ci, sans plus de façons, s'était approchée de moi, et, son lorgnon d'or sur les yeux, détaillait toute ma personne avec la tranquillité qu'elle eût mise à expertiser une potiche de Chine ou un meuble de Téhéran. Son examen terminé, se tournant vers son cavalier, de sa voix la plus tranquille, je l'entendis qui disait: « Tout à fait l'air d'un coquin, n'est-ce pas, cher monsieur? tout à fait! tout à fait. »

« J'aurais dû rire ou avoir pitié, c'est certain; mais qu'on songe à l'état d'esprit dans lequel je me trouvais alors, à l'irritation qu'il me fallait contenir depuis mon entrée dans Versailles, et l'on comprendra peut-être que, n'y tenant plus, je m'avançai pâle, menaçant, droit sur l'homme en m'écriant sourdement: — Si une fois de plus, monsieur, je suis l'objet de vos outrages, je vous brise le crâne d'un coup de chaise ! Et mon geste accentua mon dire de telle façon que je les vis tous deux s'enfuir épouvantés ! Le seul agent commis à ma garde en ce moment et qui s'était accroupi dans un coin, s'était éveillé aux cris de la vieille dame, sans rien comprendre à la scène qui venait de se passer. »

Un grand nombre de prisonniers furent envoyés sur les pontons pour y attendre d'être mis en liberté ou traînés devant les tribunaux. Plusieurs colonels ne voulant pas exercer de honteuses représailles après avoir ensanglanté Paris, refusèrent de remplir les fonctions de président des conseils de guerre dont les membres ne furent pas désignés par le hasard. Le 6 août 1871, les débats s'ouvrirent enfin à Versailles. Devant le troisième conseil présidé par le colonel Merlin, furent traduits les membres de la Commune et du Comité central tombés entre les mains du gouvernement de M. Thiers.

M. Dupont de Bussac, avocat et ancien député, parlant en faveur d'un membre de la Commune s'écria: « On dit que tous les membres de la Commune sont coupables. Alors leurs électeurs sont aussi des insurgés. Et si je vous disais que la Commune est légitime. Au 4 Septembre, qu'a fait ce gouvernement qui *s'était constitué de lui-même*? Il promet tout d'abord aux électeurs qu'ils éliront leur municipalité. On ajourne. Arrive le 31 octobre. Tout le monde alors, après Metz, après le Bourget, était irrité contre le gouvernement. Il fut convenu alors que la population de Paris devait élire sa municipalité. On avait donné sa parole, on y manqua. Paris en mars a nommé son conseil municipal. Est-ce un crime d'avoir été nommé! Mais les élections ont été approuvées, commandées par les maires et les députés de Paris. Les maires, les députés, l'amiral Saisset lui-même sont complices........»

Noble et beau langage qui exprimait nettement la vérité, mais ne pouvait être compris d'hommes ayant reçu l'ordre formel de condamner.

Qu'elle est admirable la franchise du colonel Vautré qui, en 1816, présidait le conseil de guerre chargé de juger les complices du conspirateur Paul Didier. « Aurez-vous bientôt fini, criait-il aux avocats, vous nous fatiguez avec vos phrases. Est-ce que j'ai besoin de votre procédure? Tout le gribouillage que vous nous débitez est parfaitement inutile............»

Oui, en effet, toute défense est bien inutile puisque c'est la vengeance seule qui dicte les jugements. Que d'exemples dans le cours de notre siècle !

Et le duc d'Enghien, ce jeune homme amené

à Vincennes, au milieu de la nuit du 20 au 21 mars 1804, interrogé, jugé, condamné et exécuté dans les fossés du fort et dormant de son dernier sommeil avant que l'horloge du château eût sonné la deuxième heure de la nuit.

Et ces généraux de Napoléon Ier, ces grands hommes qui avaient porté nos armes victorieuses à travers les capitales de l'Europe, qui avaient donné de la gloire à la patrie, les Ney, les Labédoyère, les Faucher, les Debelle, les Travot, les Chartran, les Bonnaire, et tant d'autres qu'avaient épargnés de si meurtrières batailles, vinrent tomber sous les coups des sicaires du gouvernement de Louis XVIII.

L'historien de la Restauration, M. Vaulabelle, a écrit : « Raconter toutes les fureurs de 1815 et 1816, dire toutes les sentence rendues après Waterloo par les tribunaux correctionnels, les conseils de guerre, les cours d'assises et les cours prévôtales, serait une tâche impossible à remplir. On serait effrayé de la lâche cruauté des sentences et du nombre des victimes, si l'on pouvait relever toutes les condamnations prononcées durant cette époque sanglante, condamnations motivées presque toujours, non sur une offense quelconque au gouvernement, mais sur des faits accomplis durant les Cent jours, et mis solennellement en oubli par trois amnisties successives. »

De même en 1871 et dans les années qui suivirent, la France entière retentit du bruit des condamnations à mort, à la déportation dans une enceinte fortifiée, à la déportation simple, à la détention, au bannissement, aux travaux forcés à perpétuité, à temps, aux travaux publics, à la réclusion et à l'emprisonnement.

Près du troisième conseil de guerre, le commandant Gaveau remplissait, sous la désignation de commissaire du gouvernement, les fonctions d'accusateur public. Pendant la semaine de mai, il avait fusillé bon nombre de gardes nationaux. De ces sanglantes journées, il avait conservé un souvenir qui portait le trouble dans son esprit; aussi ne respirait-il que haine, que vengeance. Dans les affaires où il portait la parole, il affirmait que les trois cent mille électeurs qui avaient voté pour la Commune n'étaient rien autre chose que la lie de la population parisienne, il insultait les défenseurs, il les menaçait de son épée. Dans un langage violent, grossier, incorrect, il s'épuisait à demander des condamnations à mort en même temps qu'il faisait de M. Thiers un éloge aussi pompeux qu'extravagant, basse flatterie qu'il croyait devoir plus contribuer à son avancement que dix campagnes. Ces services n'étant pas récompensés, ce héros d'antichambre tomba dans une grande mélancolie. Un jour, brusquement, il quitte Paris et se rend à Bruxelles où il est complètement inconnu. Dans un café de cette ville, après s'être fortement absinthé, il élève ses mains tremblotantes vers le plafond de l'établissement, et s'écrie : « Commune! pétrole! Satory! Sa tête grimaçante et hideuse glace d'effroi ceux qui l'entourent, personne n'ose l'approcher. Enfin deux hommes hardis et vigoureux se jettent sur lui et le terrassent ; des tables sont renversées, des verres et des bouteilles sont brisés. Après une lutte épouvantable, on se rend maître de ce forcené dont la puissante mâchoire essaie de mordre ; on le lie, on fouille les poches de ses vêtements déchirés, et les papiers dont il est porteur établissent qu'on est en présence du Gaveau des conseils de guerre de Versailles. Transféré dans une maison d'aliénés, il y rend son dernier soupir après avoir hurlé pendant trois jours et trois nuits. Son cadavre était horrible à voir.

Quelques-uns des collègues de Gaveau, magistrats chargés d'instruire avec soin le procès des vaincus, se rendaient dans le domicile de ces derniers sous prétexte d'y chercher des pièces à conviction, mais en réalité pour y faire main basse sur les objets à leur convenance. L'un d'eux, pris en flagrant délit de vol, fut condamné à cinq ans de prison, peine qu'il alla subir dans la maison centrale de Poissy.

Au nombre de ceux qui furent traduits devant le conseil de guerre de Marseille, se trouvaient MM. Bouchet et Gaston Crémieux, l'un et l'autre avocats au barreau de cette ville. M. Gaston Crémieux, dont j'ai parlé précédemment, fut condamné à mort. Sa jeune femme quitte ses enfants, se rend à Versailles et, suppliante, elle vient sangloter et auprès de la commission des grâces, cruelle commission toujours sourde à la voix du malheur, et auprès de M. Thiers, toujours inaccessible à la pitié.

Homme bon, humain, généreux, Gaston Crémieux, lors du soulèvement de Marseille, sauva la vie et au préfet et au général Espivent. Quelles pensées amères durent occuper l'esprit de cet infortuné lorsqu'il marcha au lieu de son supplice !

Le conseil de guerre prononça l'acquittement de M. Bouchet, mais celui-ci ne put reprendre l'exercice de sa profession, *ses chers confrères* s'y étant opposés sous prétexte qu'il avait secondé le mouvement insurrectionnel. Victime de leur dévorante jalousie, M. Bouchet fut généreusement vengé par quarante-huit mille électeurs de Marseille qui l'envoyèrent à l'Assemblée nationale. Son défenseur, M. Clément Laurier, exerçait sous l'Empire la profession d'avocat à Paris. Se donnant la qualification d'*irréconciliable*, il posa, aux élections générales de 1869, sa candidature dans deux circonscriptions, mais ne fut point élu. Sa fureur, après cet échec, alla chaque jour croissant contre le gouvernement. La révolution du 4 Septembre, à laquelle il prit part, lui ouvrit enfin la carrière des honneurs et de la fortune. Il suivit M. Adolphe Crémieux à Tours et devint le grand financier des hommes du gouvernement insurrectionnel du 4 Septembre qui, après avoir épuisé toutes les caisses de l'Etat, l'envoyèrent contracter, par l'intermédiaire du banquier Morgan, un emprunt de deux cent cinquante millions.

C'est en ces termes qu'il parla aux membres du conseil de guerre : « Messieurs, nous avons pendant quinze ans attaqué l'armée, nous nous sommes moqués d'elle, et je vous en demande pardon. Nous avons tout raillé, tout bafoué, la patrie, l'armée... Encore une fois, messieurs, je vous en demande pardon en mon nom et au nom de mon parti. »

Grande fut la stupeur des membres du conseil et du public à l'audition de cet aveu fait avec tant de désinvolture, avec tant de cynisme ! Ainsi, M. Clément Laurier parvenu au but de ses désirs et n'ayant plus de ménagements à garder, déclare hautement, brutalement, que lui-même et ses amis, les hommes du 4 Septembre n'ont joué sous l'Empire qu'un rôle charlatanesque et odieux.

Un officier du génie, M. Rossel, fut exécuté sur le plateau de Satory, le 28 novembre 1871, il était âgé de vingt-sept ans. Après avoir été élève de l'École polytechnique, il passa à l'école d'application de Metz d'où il sortit le second avec le grade de lieutenant. Doué des plus brillantes facultés, travailleur infatigable, il obtint une récompense à la suite d'un concours sur un sujet donné par le ministre de la guerre, et fut peu après promu au grade de capitaine. Enfermé dans Metz lors de la capitulation, il parvint à s'échapper des mains de l'ennemi. Délégué à la guerre sous la Commune, il fut pour ce fait traduit devant un conseil de guerre qui le condamna à la peine de mort; mais le conseil de revision après avoir annulé ce jugement pour violation des formes prescrites à peine de nullité, renvoya l'affaire devant le conseil présidé par le colonel Boisdenemetz qui, en pleine audience, dit à Rossel : « Je suis *votre ennemi*, et je vous traiterai *en ennemi*. » Rossel fut de nouveau condamné à la peine capitale par application de l'article 238 du Code de justice militaire, lequel est ainsi conçu : « Est puni de mort avec dégradation militaire tout militaire coupable de désertion à l'ennemi. » Le conseil de guerre faisait dans l'espèce une fausse application de la loi. On pouvait dire que Rossel avait passé aux rebelles armées, mais il était manifestement contraire à la vérité de dire qu'il avait déserté à l'ennemi.

Pour demander la grâce du jeune officier des dames de Metz adressèrent vainement une pétition à M. Thiers. Des étudiants de Paris, jeunes hommes que la pratique de la vie n'avait pas encore rendu insensibles, vinrent à Versailles, sous la conduite de M. Jules Amigues, faire un appel suprême à la clémence. Ils furent brusquement éconduits. M. le pasteur Théodore Passa voulut également arracher le jeune officier à la fin tragique qui l'attendait. Dans cette circonstance, il se livra aux démarches les plus actives, il montra le plus généreux dévouement. Désespéré de l'inutilité de ses efforts, il écrivit à M. Thiers et à la Commission des grâces une lettre conçue dans les termes les plus touchants, les plus dignes, les plus élevés, et dans laquelle il disait : « Je vous en conjure, Messieurs, ne le tuez pas. »

Quelques jours après, Rossel était tué à Satory.

Devant les tribunaux militaires chargés de juger les individus qui avaient pris part aux meurtres des généraux Lecomte et Clément Thomas, il fut établi par les témoignages les plus imposants, que le général Lecomte avait été fusillé par ses propres soldats, et que le peloton d'exécution de Clément Thomas était composé de neuf soldats de ligne, d'un caporal de chasseurs à pied, et d'un artilleur de la mobile.

Les tribunaux correctionnels de Paris furent désignés pour condamner ceux qui, soit pour gagner le pain nécessaire à leurs familles, soit par dévouement à la chose publique, avaient remplacé les fonctionnaires et les employés qui, fuyant Paris au 18 Mars, laissaient ainsi deux millions d'habitants au milieu de la plus étrange confusion. Par exemple, ne devait-on pas continuer le service de l'état civil? Ne fallait-il pas procéder à la constatation des naissances, des mariages et des décès ? Bien plus, les hommes qui avaient accepté des fonctions, mais qui ne les remplirent point, s'entendirent condamner à plusieurs années d'emprisonnement. Les petits employés occupés au balayage des bureaux furent aussi traqués comme des bêtes fauves.

Dans ces circonstances, deux substituts, MM. Campenon et Dubois, se firent spécialement remarquer. Grâce au zèle qu'il avait déployé, le substitut Campenon obtint ce que l'on appelle *un bel avancement*. Néanmoins il était mécontent, il faisait entendre des murmures, il prétendait avoir mérité une place de conseiller à la cour en récompense des condamnations que, en sa qualité de substitut, il avait obtenues contre les fonctionnaires ou employés de la Commune. Enfin il éclate. A l'occasion de l'exécution des décrets du 29 mars 1880 sur les congrégations non autorisées, il donne sa démission d'une manière bruyante et propre à faire du scandale. « Messieurs les jurés, dit-il à la cour d'assises, Messieurs les jurés, c'est la dernière fois que vous m'entendrez car je donne ma démission ; je ne veux plus servir un gouvernement qui tourmente les curés. »

Ce singulier démissionnaire devint journaliste, traîna une vie languissante et mourut accablé de tristesse.

Quant au substitut Dubois, sa laideur n'était que le pur reflet de ses passions haineuses. Tête pointue, front fuyant, yeux mobiles, voix nasillarde, dents chevalines, face maigre et bestiale ; voilà l'homme. Sans talent aucun, il ne savait que calomnier et insulter les prévenus politiques, sûr qu'il était de l'impunité. Peu de temps après il reçut la récompense de son horrible besogne ; mais aujourd'hui, les hommes sur lesquels il déversait impunément l'outrage sont amnistiés et beaucoup d'entre eux ont l'honneur de siéger dans nos assemblées délibérantes, tandis que la magistrature se trouve heureusement débarrassée de l'odieuse personne du sieur Dubois. Bourrelé de remords, poursuivi par l'épouvantable souvenir du mal qu'il a fait, le sieur Dubois vit obscur et profondément méprisé.

M'étendre davantage sur le rôle que jouèrent les tribunaux à cette époque, c'est une chose bien inutile. Ainsi que l'a écrit le célèbre Dupin aîné : « S'agit-il d'un procès politique ? Le pouvoir cherche des juges dévoués, il leur demande du sang... ils en donnent. »

A Satory des poteaux furent dressés ; le sang y coula fréquemment et avec abondance.

Un jeune écrivain, M. Maroteau, fut condamné à la peine de mort pour le crime de sa pensée. A cette nouvelle un cri de réprobation, puissant, formidable, irrésistible s'éleva de tous les points de la France et de l'étranger. Sa peine commuée, Maroteau fut envoyé au bagne et, en 1875, il mourut au milieu des forçats. Quelques journalistes furent condamnés à la déportation ; d'autres, aux travaux forcés.

Ainsi l'écrivain, le publiciste, le penseur revêtu de la casaque de galérien, était jeté dans le bagne au milieu de la chiourme, mêlé à cette tourbe humaine dont la vie passée fait frémir, dont le contact toujours redoutable est plein de souillures. C'est dans cet immense cloaque que l'homme de lettres fut plongé par ordre de M. Thiers, journaliste et historien.

Les hommes qui prirent part aux événements de Paris crurent accomplir un devoir patriotique. Et quoi d'étonnant qu'ils voulussent faire cesser l'usurpation de l'Assemblée de Versailles !

Est-ce que par la loi du 13 décembre 1830, les combattants de Juillet ne furent pas décorés ? Les troupes de Charles X sont vaincues et des pensions, des croix, des honneurs sont accordés aux hommes qui ont su mettre l'armée en déroute.

Et à la révolution de 1848 furent-ils inquiétés ceux qui mirent en fuite les troupes de Louis-Philippe ?

Et les hommes qui, en 1851, luttèrent contre l'armée sans la pouvoir vaincre, ne sont-ils pas actuellement comblés d'honneurs, ne reçoivent-ils pas des pensions payées par les contribuables ?

Les révolutionnaires du 4 Septembre 1870 ont-ils été poursuivis pour avoir renversé l'Empire, pour avoir plongé la France dans un abîme de maux, eux qui se sont enrichis, dorés avec les ruines de la patrie. L'insuccès seul est châtié ; voilà ce que l'histoire nous enseigne.

L'historien Guizot affirme en ces termes le droit d'insurrection : « Jour redoutable et inconnu, dit-il, que nulle science humaine ne saurait prévoir, que nulle constitution humaine ne peut régler, qui pourtant se lève quelquefois marqué par la main divine. Si l'épreuve qui commence alors était absolument interdite ; si, du point mystérieux où il réside, ce grand droit social ne pesait pas sur la tête des pouvoirs mêmes qui le nient, depuis longtemps le genre humain tombé sous le joug aurait perdu toute dignité comme tout honneur... Une des conditions de l'insurrection c'est qu'elle ait pour elle chance raisonnable de succès. »

Les vaincus qui purent se soustraire aux cruelles vengeances de leurs ennemis gagnèrent l'étranger, où la plupart passèrent de longues années dans une misère noblement supportée. Toutes les grandes villes de l'Europe les reçurent, quelques-uns d'entre eux allèrent se fixer en Amérique. Beaucoup se réfugièrent à Londres; perdus dans l'immensité de cette capitale ils eurent à lutter contre les privations, souvent contre les angoisses de la faim, ces hommes qui avaient laissé intacte la Banque de France alors qu'elle était en leur pouvoir. Les malheureux qui là-bas moururent de la vie dure qu'ils y menaient, reposent maintenant loin des leurs, dans quelque coin ignoré d'un cimetière.

CHAPITRE XI

Paroles de M. Francisque Ordinaire à la tribune de l'Assemblée. — Discussion des impôts. — Violences exercées sur M. Rouher, son élection. — M. Thiers à la prison de Mazas. — Réorganisation de l'armée, loi du recrutement. — Pétition tendant à la dissolution de l'Assemblée. — Expulsion du prince Napoléon. — M. Dufaure. — Les princes d'Orléans; restitution à eux faite d'une partie de leurs biens. — Mort de Napoléon III à Chislehurst; les principaux actes de sa vie. — Remplacement de M. Grévy par M. Buffet. — Discours de M. de Broglie. — M. Thiers a pour successeur le maréchal de Mac-Mahon. — Moyens mis en œuvre pour asservir la presse. — Construction d'une église du Sacré-Cœur sur la butte Montmartre. — Marie Alacoque; M. Languet, évêque de Soissons. — Le schah de Perse à Paris. — Entrevue du comte de Paris et du comte de Chambord. — Cessation de l'occupation étrangère. — Le septennat. — Le maréchal Bazaine, son procès, sa translation à l'île Sainte-Marguerite, fin de sa captivité.

Le titre de président de la République fut conféré à M. Thiers pour une durée égale à celle de l'Assemblée nationale qui, après s'être déclarée souveraine, ne songea plus, en vue de compléter son usurpation, qu'à exercer, dans toute sa plénitude, le pouvoir constituant. Les séances de cette Assemblée étaient souvent fort orageuses. Indigné des exécutions nombreuses qui sans cesse faisaient ruisseler le sang des Français sur le plateau de Satory, un député, M. Francisque Ordinaire monte à la tribune et s'écrie d'une voix forte : « La commission des grâces est une commission d'assassins. » Paroles dont l'effet fut puissant, dont l'écho formidable retentit douloureusement dans le pays qui désirait autre chose que le sanglant spectacle d'hommes tombant sous des balles françaises. Sur l'Assemblée était suspendue une menace permanente mais puérile. En effet, M. Thiers, à la moindre résistance à ses projets ou à ses vues, offrait impérieusement sa démission. En désaccord avec elle sur la question des impôts, il se déclarait partisan du système protecteur, et s'élevait contre les traités de commerce ayant pour base les idées libre-échangistes. Il combattit, mais en cela il eut raison, le projet d'impôt sur le revenu dont j'ai démontré les graves inconvénients dans l'introduction de l'ouvrage où j'ai raconté les maux qui accablent la nation irlandaise, nation si malheureuse, si digne d'une éternelle pitié.

Dans une élection partielle, un homme qui avait joué un rôle considérable sous l'Empire, M. Rouher, fut élu député de la Corse. Après la révolution du 4 Septembre, il s'était rendu en Angleterre, et au mois de mars 1871, revenant de Londres, il débarquait à Boulogne-sur-Mer lorsque, sur un ordre de M. Thiers, il fut arrêté, puis transféré à Arras. Comme un vil malfaiteur, il fut, dans les rues de Boulogne, conduit par les gendarmes au milieu d'une multitude furieuse qu'on avait préalablement, par d'odieux mensonges, excitée contre l'ancien ministre de l'empereur. On se livra même sur sa personne à des actes de brutalité.

En vertu de quelle loi, pour quel motif avouable avait-on arrêté M. Rouher qu'on fut obligé de relâcher peu après? Dans cette circonstance, M. Thiers n'avait obéi qu'à un sentiment de vengeance. Il rendait les hommes de l'Empire responsables des avanies qu'il eut à subir lors du coup d'Etat. Conduit à la prison de Mazas, il y fut l'objet des railleries des subalternes. Au greffe, on se moqua de sa petite taille et au moment de dresser le procès-verbal d'écrou, un employé lui dit : « As-tu un tatouage! voyons, roquet, avance ici sous la toise. »

L'Assemblée nationale dut promptement s'occuper de la réorganisation de l'armée. De ses délibérations il résulta que le service militaire devint personnel et obligatoire. La loi du recrutement, promulguée le 27 juillet 1872, porte que tout Français qui n'est pas déclaré impropre à tout service militaire fait partie de l'armée et des réserves de vingt ans à quarante ans, c'est-à-dire, de l'armée active pendant cinq ans, de la réserve de l'armée active pendant quatre ans, de l'armée territoriale pendant cinq ans et de la réserve de l'armée territoriale pendant six ans.

Les deux mots ci-dessus *tout Français* doivent être entendus dans un sens très restreint, car les nombreuses exceptions renfermées dans les lois précédentes ont été reproduites dans la loi de 1872. Les engagés volontaires munis d'un diplôme ou ayant passé des examens spéciaux et versant une somme de 1,500 fr. dans les caisses du Trésor, ne restent sous les drapeaux que pendant une année, s'il est reconnu toutefois qu'ils ont une instruction militaire suffisante.

Des soldats allemands campaient encore sur le sol français, et leur présence avait pour effet de rappeler d'une manière permanente et les douleurs et les hontes de l'invasion. Mettre un terme à cet état de choses en votant un emprunt de trois milliards pour solder les Prussiens et par là faire cesser au plus tôt l'occupation étrangère, telle fut l'œuvre patriotique à laquelle se livra l'Assemblée.

C'est à cette époque que M. Gambetta fit une campagne en vue de multiplier le nombre des pétitions adressées à l'Assemblée pour en obtenir la dissolution. Dans une réunion, avec sa faconde avocassière, il prononça ces paroles qui eurent beaucoup de retentissement : « Oui, je pressens, je sens, j'annonce la venue et la présence dans la politique d'une couche sociale nouvelle qui est aux affaires depuis tantôt dix-huit mois et qui est loin à coup sûr d'être inférieure à ses devancières. »

Dans les premiers jours du mois d'octobre 1872, le prince Jérôme Napoléon, conseiller général de la Corse, était avec sa femme, la princesse Clotilde, à Millemont, chez M. Maurice Richard, ancien ministre de Napoléon III. M. Thiers le fit expulser en vertu de l'arrêté suivant, pris le 10 octobre 1872 : « Nous, ministre de l'intérieur, d'après *les ordres* de M. le président de la République, le conseil des ministres entendu ; Considérant que la présence du prince Napoléon Bonaparte, dans les circonstances actuelles, peut devenir une occasion de trouble; arrêtons : Le prince Jérôme Bonaparte sera reconduit à la frontière. »

Dans cet arrêté, aucune loi n'était visée qui donnât au gouvernement le droit d'expulser le prince Napoléon. En effet, il n'en existait aucune. C'était donc la volonté, c'est-à-dire la haine de M. Thiers et de ses ministres qui, tenait lieu de loi. Ces hommes qui, pour combattre et renverser l'Empire, en vue d'en prendre la place, avaient fait retentir les airs du mot de liberté, ces hommes qui écrivaient sur la façade des monuments publics : Liberté, Egalité, Fraternité, ces hommes, une fois parvenus au pouvoir par l'imposture mentaient impudemment à tout leur passé, et exerçaient la plus redoutable tyrannie. Ainsi d'après les *ordres* de M. Thiers des citoyens français pouvaient être forcés de quitter leur patrie et d'aller vivre en exil.

M. Édouard Portalis, dans son remarquable ouvrage qui a pour titre *les Deux Républiques*, raconte ainsi ce que lui dit M. Gambetta, relativement à l'expulsion du prince : « Un jour, en 1872, chez M. Gambetta, la conversation vint à tomber sur l'expulsion du prince Napoléon, que M. Thiers avait fait arrêter chez M. Maurice Richard, au château de Millemont, et qu'il avait fait reconduire à la frontière. M. Gambetta critiquait vivement la manière dont avait agi M. Thiers. Je lui demandai : « A sa place, qu'auriez-vous fait? » — A sa place, répondit M. Gambetta, j'aurais fait déguiser une centaine d'agents de police en paysans, je les aurais envoyés à Millemont avec ordre de faire beaucoup de bruit, de jeter des pierres dans les fenêtres du château, et de vociférer contre le prince..... Alors moi, gouvernement, je serais intervenu, j'aurais constaté l'indignation causée chez les populations rurales par la seule présence d'un Bonaparte, et j'aurais arrêté le prince Napoléon autant pour rétablir l'ordre que pour protéger sa personne contre la juste colère du peuple. Tout le monde eût applaudi. »

A partir de ce jour, M. Édouard Portalis s'éloigna de M. Gambetta qu'il ne voulut plus revoir.

Le 14 décembre 1872, la Chambre discuta le rapport qui lui fut soumis sur les pétitions tendant à la dissolution de l'Assemblée. On se rappelle qu'en vertu de l'article 2 de la convention d'armistice, la mission de l'Assemblée était de traiter de la paix ou de continuer la guerre. Aussi son mandat, après la conclusion de la paix, avait-il pris fin. Néanmoins M. Dufaure, ministre de la justice, s'éleva avec force contre toute idée de dissolution : « Lorsqu'il s'agit de déclarer, dit-il, si le mandat illimité qui nous a été remis doit prendre fin, il n'y a qu'un pouvoir au monde qui puisse le décider : c'est l'Assemblée elle-même, je n'en connais aucun autre. »

Selon M. Dufaure, le mandat que l'Assemblée avait reçu était illimité, et ne pouvait trouver sa fin que dans la volonté de l'Assemblée elle-même ou dans la mort de tous ses membres. Son droit, après tout, elle le puisait dans la manifestation de sa force. M. Dufaure déclarait hardiment que l'Assemblée pouvait tout contre la volonté des électeurs que, par dérision, sans doute, il appelait le peuple souverain.

Quoi qu'il en soit, l'ordre du jour pur et simple fut prononcé sur les pétitions, et une commission de trente membres nommée pour préparer un projet de loi réglant les attribubutions des pouvoirs publics et les conditions de la responsabilité ministérielle.

M. Dufaure était avocat, et passait pour un excellent procédurier. On le reconnaissait facilement à son visage laid, à son regard indécis, à ses manières rustiques et à ses grosses mains noueuses. Ministre des travaux publics sous le règne de Louis-Philippe, il contribua, comme député, après la révolution de février 1848, au bannissement de la famille d'Orléans qui l'avait comblé de bienfaits. Se faisant républicain, il devint successivement ministre du général Cavaignac, chef du pouvoir exécutif, et du prince président qui, le 31 octobre 1849, ne voulut plus de ses services. Dès ce jour, plein d'une sombre irritation qui se change en fureur aveugle contre le pouvoir, il se fait ardent démocrate, et associe ses votes à ceux de la Montagne (extrême gauche). Écarté de toutes les fonctions publiques pendant la durée de l'Empire, il posa vainement, en 1868, sa candidature dans une élection partielle pour le Corps législatif. Son orgueil en souffrit cruellement.

Ministre de M. Thiers lors du soulèvement de la population parisienne en 1871, il se montra l'adversaire déclaré de toute conciliation, et fit poursuivre les journalistes qui avaient conçu le généreux dessein de mettre un terme à la guerre civile. Voulant, selon ses expressions, que la justice, pour frapper les vaincus, fût aussi prompte que la foudre, il demanda, sans pouvoir l'obtenir, la suppression de la procédure suivie dans les conseils de guerre qu'il voulait réduire à une constatation d'identité. Le séjour de Rueil (Seine-et-Oise) plaisait beaucoup à M. Dufaure. Là, loin du tracas des affaires et ne songeant qu'à son salut, il assistait assidûment aux offices religieux, il fréquentait les sacrements; en un mot, il édifiait les villageois par la ferveur de sa dévotion.

Le 21 décembre 1872, l'Assemblée nationale décida que de tous les biens confisqués de la famille d'Orléans, ceux-là qui n'étaient pas encore vendus lui seraient restitués. Voici le texte de la loi qui fut votée : « Les décrets du 22 janvier 1852 concernant les biens de la famille d'Orléans sont et demeurent abrogés. Les biens meubles et immeubles saisis par l'État, en vertu desdits décrets et non aliénés à ce jour, seront immédiatement rendus à leurs propriétaires. »

Le 9 janvier 1873, on apprend que Napoléon III avait cessé de vivre. Cet homme qui longtemps avait régné sur la France, venait de mourir dans le comté de Kent, à Chislehurst, petit village situé à seize kilomètres de Londres. Dans sa jeunesse, il avait vainement essayé de renverser le gouvernement de Louis-Philippe, et à Strasbourg, et à Boulogne, puis il avait expié, par un emprisonnement de six années au fort de Ham (Somme), l'avortement de sa dernière tentative. En 1848, il fut élu président de la République; entre lui et l'Assemblée législative, il s'éleva un conflit qui ne pouvait trouver son dénouement que dans une révolution ou un coup d'Etat. Le coup d'Etat prévint la révolution. Dans la nuit du 1er au 2 décembre 1851, la plupart des représentants sont arrêtés et conduits les uns à Mazas, les autres au mont Valérien. Quelques-uns cependant firent des essais de résistance le lendemain et les jours suivants, mais personne ne répondit à leur appel désespéré. Quant aux soulèvements qui eurent lieu dans les départements, ils furent promptement réprimés. Peu de jours après, des milliers d'électeurs approuvèrent la mesure radicale prise par le prince président.

Lors des premières opérations du coup d'Etat, la haute cour, à qui était confiée la garde de la constitution, se réunit aussitôt, déclare que Louis Bonaparte s'est, par l'attentat qu'il a commis, rendu coupable du crime de haute trahison, charge M. Renouard de faire arrêter le prince et de dresser contre lui un acte d'accusation. Soudainement, le bruit est de tous côtés répandu que le prince est victorieux ; un des membres de la haute cour se lève et dit à ses collègues : « Nous n'avons plus rien à faire ici, messieurs, séparons-nous ; le prince triomphe, c'est la preuve que le droit est de son côté. » Et à partir de ce moment, les membres de la haute cour deviennent les plus dévoués serviteurs du prince président.

Relativement au coup d'Etat, M. de Montalembert écrivait à ses amis : « L'acte du 2 Décembre a mis en déroute tous les révolutionnaires, tous les socialistes, tous les bandits de la France et de l'Europe. C'est à mon gré une raison suffisante, pour que tous les honnêtes gens s'en réjouissent. »

En présentant le résultat du scrutin, M. Baroche, président de la commission consultative, dit au prince : « Que la France soit enfin délivrée de ces hommes toujours prêts pour le meurtre et pour le pillage, de ces hommes qui, au XIXᵉ siècle, font horreur à la civilisation, et semblent, en réveillant les plus tristes souvenirs, nous reporter à deux siècles en arrière. » Le prince président s'exprima ainsi : « La France a répondu à l'appel loyal que je lui avais fait. Elle a compris que je n'étais sorti de

15.

la légalité que pour rentrer dans le droit. Plus de 7 millions de suffrage viennent de m'absoudre. »

Les chefs de l'armée, les membres des tribunaux, enfin tous les corps officiels vinrent offrir leurs hommages au prince président qui de tous les points de la France, recevait des adresses de félicitations. Le nonce se hâta de lui présenter le corps diplomatique, le chant des *Te deum* et des hymnes sacrées fit retentir les voûtes de toutes les églises de France. L'archevêque de Paris, M. Sibour vint, suivi et entouré de son nombreux clergé, dire au prince président : « Nous prierons Dieu avec ferveur pour le succès de la haute mission qui vous est confiée. » Lorsque l'Empire sera proclamé, ce même M. Sibour écrira : « A l'heure suprême de la grande crise, un homme que Dieu tenait en réserve paraît. Sa mission fut d'abord méconnue ; mais il sortit comme par miracle des entrailles du peuple : ce fut sa force et son droit. C'est en posant la main sur le cœur de ce peuple qu'il a gouverné. Il a mis sa prodigieuse habileté à comprendre et à deviner au besoin ce qu'il y avait dans ce cœur, et sa puissance à le réaliser....... L'Empire est proclamé. Jamais le doigt de Dieu ne fut plus visible que dans les événements qui ont amené ce grand résultat. »

Le prince président entreprend un long

voyage dans les départements ; les populations se pressent sur son passage, partout il est reçu au milieu du plus grand enthousiasme et il n'entend que des cris de joie et de reconnaissance. Entouré des membres de son clergé, l'évêque de Fréjus lui dit : « Monseigneur, des lèvres consacrées au service de Dieu et de la vérité n'apprendront pas aujourd'hui le langage de la flatterie, pour l'adresser à un prince que tant d'acclamations saluent avec transport, et qui est encore mieux loué par ses œuvres. Mais, quand l'Eternel, après des jours d'angoisses, donne au monde un Constantin, un Charlemagne ou un Louis-Napoléon, pour arracher la société aux abîmes, et la rasseoir sur ses seules et vraies bases, la religion et la justice, il est permis à un ministre de l'Eternel de trouver des accents dans son cœur pour venir, entouré de ses frères, dire au libérateur qui passe: Prince, recevez nos hommages, agréez notre reconnaissance, et vivez ! »

Au milieu de ces chants de triomphe et d'allégresse, que devenaient les vaincus du 2 Décembre ? Ils furent en grand nombre jugés par des tribunaux appelés *commissions mixtes*, tribunaux qui remplirent les mêmes fonctions que ceux qui rendirent la justice à la suite des événements de 1871, mais sans déployer cependant la même cruauté. Napoléon pouvait immédiatement amnistier les vaincus, bien plus il le devait; par là, il eût considérablement atténué les terribles effets du coup d'Etat. Dans la citadelle de Ham, alors malheureux prisonnier, gémissant sur sa propre infortune, il trouvait de nobles accents pour plaindre et les captifs et les proscrits. Que de belles pages où il a déposé ses généreux sentiments envers les victimes de l'oppression. Pourquoi faut-il qu'il ne s'en soit pas souvenu lorsque la clémence, je veux dire la justice, lui commandait de jeter le voile de l'oubli sur tous les faits qui accompagnèrent et suivirent le coup d'Etat?

Après avoir éprouvé toutes les vicissitudes de la fortune, c'est en exil que Napoléon III ferma pour toujours ses yeux à la lumière; il repose à Chislehurst, auprès de la petite église de Sainte-Marie.

Revenons aux travaux de l'Assemblée. Au mois d'avril 1873, dans l'enceinte législative éclate un grand tumulte à la suite duquel le président, M. Grévy, donne sa démission et est remplacé par M. Buffet.

Les députés qui voulaient substituer la monarchie à la République se livrèrent à de vives attaques contre la politique suivie par le gouvernement de M. Thiers. Ce fut M. de Broglie qui, pour son compte, visant un portefeuille, se chargea d'interpeller le ministère. Il parla de la *conservation sociale* et des progrès que les radicaux avaient faits depuis un an...... Après ce discours, la Chambre déclara par son vote que M. Thiers et son gouvernement ne donnaient pas satisfaction aux intérêts conservateurs. Le 24 mai 1873, M. Thiers fut définitivement obligé de donner sa démission de président de la République, démission dont il avait tant de fois menacé les députés. Les ministres le suivirent dans sa retraite. La Chambre lui donna pour successeur le maréchal de Mac-Mahon qui, le lendemain 25 mai, constitua son cabinet de la manière suivante : Affaires étrangères, M. le duc de Broglie, vice-président du conseil ; — Justice, M. Ernoul ; — Intérieur, M. Beulé ; — Finances, M. Magne : — Guerre, le général Courtot de Cissey ; — Marine, le vice-amiral Dompierre ; — Instruction publique, cultes et beaux-arts, M. Polycarpe Batbie ; — Travaux publics, M. Descilligny ; — Agriculture et commerce, M. de la Bouillerie. — Telle fut la composition du nouveau ministère qui, pour asservir la presse, écrivait confidentiellement à ses préfets : « Voyez quels sont les journaux conservateurs ou susceptibles de le devenir, quelle que soit d'ailleurs la nuance à laquelle ils appartiennent, leur situation financière, et le prix qu'ils pourraient attacher au concours bienveillant de l'administration ; le nom de leurs rédacteurs en chef, leur opinion présumée et leurs antécédents. Si vous pouvez causer avec eux, voyez s'ils accepteraient une correspondance et dans quel sens ils la souhaiteraient. »

Le droit d'expropriation n'appartient qu'à l'État, au département et à la commune, néanmoins l'archevêque de Paris, M. Guibert, fort de l'appui du ministère, voulut que l'Assemblée déclarât d'utilité publique la construction sur la butte Montmartre d'une église dite du Sacré-Cœur. En effet, contrairement aux règles de notre législation civile, l'archevêque fut, par la Chambre, autorisé tant en son nom qu'au nom de ses successeurs, à acquérir les terrains nécessaires à cette construction soit à l'amiable, soit, s'il y avait lieu, par voie d'expropriation.

Le 3 septembre 1873, l'archevêque de Paris invita tous les membres de l'épiscopat français à la pose de la première pierre de l'église du Sacré-Cœur : « Pour consacrer solennellement la France au Sacré-Cœur, leur écrivait-il, j'ai besoin de l'adhésion et d'une sorte de délégation des autres évêques. »

Marie Alacoque, religieuse visitandine d'une piété exemplaire, fut la créatrice de la dévotion au sacré cœur de Jésus. Dans un petit livre qu'elle a publié, on lit le passage suivant : « Jésus-Christ, mon divin Époux, me faisait goûter ce qu'il y avait de plus doux dans la suavité des caresses de son amour. »

Dans son ouvrage intitulé : Vie de Marie Alacoque, M. Languet, évêque de Soissons et membre de l'Académie française, a écrit : « Un jour que Marie Alacoque s'abandonnait à son amour, elle s'oublia tout à fait elle-même, ainsi que le lieu où elle était. Jésus-Christ se montra à elle sous une forme sensible, fit reposer doucement la tête de sa servante sur sa poitrine, et lui demanda son cœur en échange du sien, qu'il lui donnait. La sœur le lui offrit avec ardeur, en le priant de s'en rendre possesseur. Il lui sembla que le fils de Dieu prit effectivement le cœur de sa servante et le plaça dans le sien, qu'elle voyait distinctement à travers la plaie de son côté, qui lui semblait éclatant comme le soleil ou comme une fournaise. Quant à son propre cœur, il lui parut être là comme un petit atome qui s'abîmait dans une fournaise. Ensuite Notre-Seigneur parut l'en retirer tellement embrasé, qu'il semblait n'être qu'une flamme, et il le remit dans le côté de sa servante. Il laissa en signe de cette faveur, une vive douleur au côté, et un feu inextinguible dans la poitrine. Ce mal lui dura toute sa vie; il lui ôta le sommeil, et surtout dans la nuit du premier vendredi de chaque mois; enfin il était si violent qu'elle s'attendait à chaque instant à être réduite en cendres. Jésus-Christ lui avait seulement recommandé, quand l'oppression serait extrême, de demander à être saignée............»

Un crédit de deux cent cinquante mille francs fut voté par l'Assemblée pour entourer de splendeurs la réception du schah de Perse, venant étudier la civilisation des pays occidentaux. La France offrit au monarque asiatique une fastueuse hospitalité. Pour lui, se succédèrent dans Paris et les grandes revues, et les soirées de gala, et les illuminations féeriques; les réjouissances publiques durèrent quinze jours.

Au mois d'août 1873, M. le comte de Paris se rendit auprès du comte de Chambord au château de Frohsdorf (situé en Autriche, à 45 kilomètres de Vienne). Le petit-fils de Louis-Philippe déclara qu'il venait non seulement saluer le chef de la maison de Bourbon, mais encore reconnaître le principe dont le comte de Chambord était le seul représentant. Cette entrevue eut pour résultat la fusion des deux branches. L'Assemblée nationale mettait tout en œuvre pour faire monter Henri V sur le trône de France, lorsque, soudainement, on apprit que de graves dissidences venaient de s'élever entre le comte de Chambord et ceux qui lui offraient la couronne. Tout fut remis en question.

A cette époque, la France ayant payé sa

rançon de cinq milliards, les soldats allemands commençaient d'évacuer le territoire français. Dans un message à l'Assemblée où il annonçait que l'occupation étrangère allait bientôt cesser, le maréchal de Mac-Mahon disait : « Ce bienfait inappréciable est l'œuvre commune du patriotisme de tous....... Enfin, ce sont nos laborieuses populations surtout qui ont hâté elles-mêmes l'heure de leur libération par leur empressement à se résigner *aux plus lourdes charges.* »

Le 20 novembre 1873, eut lieu l'établissement du septennat. On appela ainsi un mode de gouvernement institué par l'Assemblée nationale pour une durée de sept ans, et à la tête duquel était placé le maréchal de Mac-Mahon, président de la République ! Nous verrons dans la suite le septennat se fondre dans la constitution du 25 février 1875.

La fin de l'année 1873 voyait se dérouler un drame qui rappelait les tristesses du passé et faisait revivre des souvenirs de deuil, c'était le procès du maréchal Bazaine. Comme tous les commandants de place qui avaient capitulé, le maréchal Bazaine comparut devant un conseil d'enquête qui fit un rapport dont les conclusions ne lui étaient pas favorables. Aussitôt le ministre de la guerre donna l'ordre d'informer contre l'ancien commandant de l'armée du Rhin.

Le général Séré de Rivière, chargé de l'instruction, ne termina son travail qu'en 1873, et à la date du 24 juillet de la même année, le ministre de la guerre ordonna la mise en jugement du maréchal accusé : 1° d'avoir capitulé avec l'ennemi et rendu la place de Metz, dont il avait le commandement supérieur, sans avoir épuisé tous les moyens de défense dont il disposait et sans avoir fait tout ce que lui prescrivaient le devoir et l'honneur ; 2° d'avoir, comme commandant en chef de l'armée devant Metz, signé en rase campagne une capitulation qui a eu pour résultat de faire poser les armes à ses troupes ; 3° de n'avoir pas fait, avant de traiter verbalement ou par écrit, tout ce que lui prescrivaient le devoir et l'honneur, crimes prévus par les articles 209 et 210 du Code de justice militaire.

Les débats s'ouvrirent à Versailles, dans le palais du grand Trianon, le 6 octobre 1873, devant un conseil de guerre présidé par M. le duc d'Aumale et composé des généraux : de la Motterouge, Chabaud-Latour, Tripier, Resseyre, Princeteau et de Malroy.

Les fonctions d'accusateur public avaient été confiées au général Pourcet.

Le maréchal reconnut que, par l'intermédiaire de M. Régnier, il avait entamé des négociations avec l'ennemi, mais en vue de stipuler au nom du gouvernement impérial; la régence étant pour lui le seul pouvoir légal.

Quant à la capitulation, le maréchal soutenait que, forcé dans son camp retranché sous Metz, il n'avait pas capitulé en rase campagne, et d'ailleurs, ajoutait-il, tous les généraux placés sous mes ordres ont unanimement reconnu l'impossibilité de continuer la lutte, et que force nous était de mettre bas les armes.

Le maréchal ne reconnut jamais le gouvernement insurrectionnel du 4 Septembre. L'Empire, auquel il avait prêté serment de fidélité, était pour lui le seul gouvernement régulier, comme le prouvent d'ailleurs les lignes suivantes que, peu avant la capitulation, il adressait au représentant du roi de Prusse : « Au moment où la société est menacée par l'attitude qu'a prise un parti violent et dont les tendances ne sauraient aboutir à une solution que cherchent les bons esprits, le maréchal commandant l'armée du Rhin, s'inspirant du désir qu'il a de sauver son pays et de le sauver de ses propres excès, interroge sa conscience et se demande si l'armée placée sous ses ordres n'est pas destinée à devenir le palladium de la société. »

Le 10 décembre 1873, le maréchal fut condamné à la peine de mort avec dégradation militaire. Mais à peine le jugement était-il prononcé que les membres du conseil adressaient au ministre de la guerre un recours en grâce, dans lequel il était dit : « ..... Nous vous rappellerons que le maréchal Bazaine a pris et exercé le commandement de l'armée du Rhin au milieu de difficultés inouïes, qu'il n'est responsable ni du désastreux début de la campagne, ni du choix des lignes d'opération. Nous vous rappellerons qu'au feu il s'est toujours retrouvé lui-même ; qu'à Borny, à Gravelotte, à Noisseville, nul ne l'a surpassé en vaillance, et que le 16 août il a, par la fermeté de son attitude, maintenu le centre de sa ligne d'opération. Considérez l'état des services de l'engagé volontaire de 1831 ; comptez les campagnes, les blessures, les actions d'éclat qui lui ont mérité le bâton de maréchal de France... »

Deux jours après, le maréchal de Mac-Mahon, président de la République, commuait la peine de mort prononcée contre son ancien chef, le maréchal Bazaine, en vingt années de détention avec dispense des formalités de la dégradation militaire.

Le maréchal fut immédiatement extrait de Trianon et transféré au fort de l'île Sainte-Marguerite (dans la Méditerranée, à 2 kilomètres du continent, Alpes-Maritimes.)

Dans la soirée du 9 août 1874, le maréchal Bazaine quittait l'île Sainte-Marguerite, et allait vivre à l'étranger.

CHAPITRE XII

L'Académie française et M. Emile Ollivier. — Majorité du prince impérial, son discours. — Renversement du ministère. — M. de Bourgoing, sa profession de foi. — Production d'un document à l'Assemblée par M. Girerd. — Enquête judiciaire et administrative ouverte contre le Comité de l'appel au peuple. — Commission parlementaire. — Déposition de M. Léon Renault, préfet de police. — Vote de la Constitution. — Situation des créanciers de la Turquie. — Scrutin collectif et scrutin individuel. — Dissolution de l'Assemblée nationale. Alphonse XII roi d'Espagne. — Rejet de l'amnistie. — Lettre de l'évêque de Nevers — Mort de M. Thiers.

Au commencement du mois de mars 1874, l'Académie française fut le théâtre d'un événement dont la cause remonte aux derniers jours de l'Empire. Le 26 avril 1870, M. Emile Ollivier, alors ministre de Napoléon III était, en remplacement de Lamartine, élu membre de l'Académie, mais le jour de sa réception en séance publique retardé par les bouleversements de 1870-1871, fut fixé au 5 mars 1874. Dans son discours de réception, M. Emile Ollivier, honorant la mémoire de son ancien souverain, refusa de supprimer le passage où il en faisait l'éloge. Les académiciens qui avaient le plus flatté l'Empire, manifestèrent la plus vive indignation contre le discours de M. Émile Ollivier. Anciens adorateurs de la fortune, ils n'avaient que du mépris pour l'Empire abattu. M. Émile Ollivier ne fut pas admis à lire son discours en séance publique, mais il prit place néanmoins au milieu des quarante. Voici le passage du discours qui excitait le courroux des académiciens :

« ..... Inaccessible aux aveuglements volontaires, Lamartine n'avait pas poursuivi de ses préventions le prince héritier du nom et du pouvoir de Napoléon. Plus d'une fois il considéra ses actes comme des fautes, sans qu'il se laissât cependant entraîner à méconnaître la valeur générale de cette haute personnalité. Après une conversation suivie de beaucoup d'autres, dans des circonstances graves, écrit-il dans ses *Mémoires politiques*, » je reconnus l'homme d'État le plus fort et le plus sérieux de tous ceux, sans aucune exception, que j'eusse connu dans ma longue vie parmi les hommes d'État. » S'il l'avait approché davantage, s'il avait éprouvé son grand cœur, son esprit formé de charme et de justesse, la douceur de sa majesté paisible ; s'il était devenu le confident de ses pensées uniquement tournées au bien public et au soulagement de ceux qui souffrent ; s'il avait été témoin de la loyauté avec laquelle il a fondé et mis en pratique les institutions les plus libres que notre pays ait encore connues ; s'il l'avait contemplé modeste pendant la prospérité, auguste pendant l'infortune, il aurait mieux fait que lui rendre justice, il l'eût aimé..... »

Dans son discours qui ne fut pas lu, M. Emile Augier, chargé de répondre au récipiendaire, avait écrit : « Votre avènement fut salué par un immense espoir, les anciens partis désarmèrent, l'Académie elle-même voulut s'associer au mouvement de l'opinion publique, et les suffrages qu'elle vous donna furent son applaudissement au souverain. »

Chose étrange! l'Académie refusait d'entendre l'éloge de l'empereur, et cependant M. Emile Augier, parlant en son nom, affirmait hautement que, pour rendre hommage à Napoléon III, elle avait, en 1870, académifié M. Emile Ollivier, sans s'occuper de la valeur de ses titres littéraires, se conformant en cette circonstance à ses anciens usages, puisque depuis sa fondation jusqu'à nos jours, elle a admis dans son sein non pas des historiens qui, comme les Michelet et les Louis Blanc, sont la gloire de la France, mais des romanciers ou des hommes qui n'ont jamais rien écrit et ne se sont distingués que par leurs grands noms, leurs hautes relations, leur babil dans les assemblées ou leur caquetage devant les tribunaux.

Le 16 mars 1874, le fils de l'empereur allait atteindre l'âge de sa majorité que la constitution impériale fixait à dix-huit ans. Les partisans de l'Empire reçurent, par une circulaire publiée dans les journaux, l'invitation de se rendre en Angleterre auprès de l'héritier de Napoléon III, pour lui offrir un témoignage d'affection en même temps qu'un encouragement à l'espérance. Devant ses visiteurs que le malheur n'avait pas eu la puissance de détacher de la cause qu'ils avaient servie, le prince impérial s'exprima ainsi :

« En vous réunissant ici, aujourd'hui, vous avez obéi à un sentiment de fidélité envers le souvenir de l'empereur, et c'est de quoi je veux d'abord vous remercier. La conscience publique a vengé des calomnies cette grande mémoire et voit l'empereur sous ses traits véritables. Vous qui venez des diverses contrées du pays, vous pouvez lui rendre témoignage; son règne n'a été qu'une constante sollicitude pour le bien de tous, sa dernière journée sur la terre de France a été une journée d'héroïsme et d'abnégation.... La France, librement consultée, jettera-t-elle les yeux sur le fils de Napoléon III?............ Si le nom des Napoléon sort pour la huitième fois des urnes populaires, je suis prêt à accepter la responsabilité que m'imposerait le vote de la nation....... »

Dans la journée du 16 mai 1874, M. de Broglie proposa à l'Assemblée de mettre à l'ordre du jour la loi électorale politique, mais les députés voulurent que la loi municipale fût discutée la première, les élections municipales devant précéder les élections législatives. Il s'ensuivit que M. de Broglie dut donner sa démission, et le maréchal de Mac-Mahon procéder à la formation d'un nouveau ministère.

M. de Bourgoing, candidat à la députation dans la Nièvre, s'adressait ainsi aux électeurs : « Ne voulant pas devoir vos suffrages à une profession de foi équivoque, je vous dis franchement : mes convictions n'ont pas varié, je suis resté fidèle à l'Empire. » Il fut élu le 24 mai 1874.

Dans la séance du 9 juin 1874, un député nommé Girerd monte à la tribune pour donner lecture d'un document sur lequel était apposé un timbre ayant au centre les armes de l'Empire, et en exergue : Comité central de l'Appel au peuple, Paris. Grâce à la pièce produite par M. Girerd, l'élection de M. de Bourgoing fut cassée, sous prétexte qu'on avait tenté de gagner des voix en sa faveur par d'indignes promesses. M. de Bourgoing n'en fut pas moins, par le choix de ses électeurs, envoyé de nouveau à l'Assemblée. Quel était le fabricateur de ce document? on ne le connut jamais. Quoi qu'il en soit, une enquête judiciaire et administrative est ouverte dans la Nièvre, tandis que le procureur de la République à Paris et un juge d'instruction font perquisitionner chez les chefs du parti de l'Appel au peuple. Justice et police sont mises sur le pied de guerre. A la date du 11 août 1874, le procureur général Imgarde de Leffemberg adressait au garde des sceaux un long rapport dans lequel il disait : « .... Je trouve, en effet, à la tête du parti bonapartiste, un véritable organisme de gouvernement..... Mais toutes ces personnes réunies n'excèdent pas le chiffre dix-neuf, et, par conséquent, le comité qu'elles composent ne saurait être atteint par la loi pénale que s'il se rattache à un ou plusieurs autres..... Nous avons trouvé au second rang un autre comité, dont le chef est M. Moureau, mais l'instruction a établi qu'il n'atteint pas le chiffre de vingt personnes..... »

L'enquête néanmoins fut continuée, et dans un nouveau rapport daté du 8 décembre 1874, le procureur général qui, aux termes de la loi du 20 avril 1810, est le seul maître de l'action publique à l'égard de ceux qui sont grands dignitaires de la Légion d'honneur, le procureur général déclarait que la constitution du comité présidé par M. Rouher n'ayant rien d'illégal, il n'entendait requérir aucune poursuite contre les grands dignitaires qui en faisaient partie. Le juge d'instruction, de son côté, rendait une ordonnance de non-lieu en faveur de tous les membres du comité Moureau..... « En ce qui touche le comité présidé par Moureau, attendu que son existence résulte, *non du document lu par le sieur Girerd* à la tribune de l'Assemblée nationale, lequel ne présente aucun caractère d'authenticité, et dont l'auteur est resté inconnu.... mais de l'aveu de la plupart des inculpés. Mais attendu que ce comité était composé de moins de vingt personnes, disons n'y avoir lieu à suivre contre les susnommés. »

L'enquête n'ayant pas donné les résultats qu'on en attendait, l'Assemblée nomma une commission parlementaire chargée de découvrir les actes délictueux reprochés au comité de l'Appel au peuple. Devant elle, une masse d'hommes vinrent déposer, parmi lesquels se trouvaient et le ministre de la justice, et le procureur général, et M. Léon Renault, préfet de police. Ce dernier, dans sa déposition, n'apprit absolument rien aux membres de la commission. « Je n'ai rien, dit-il, qui m'autorise à dire ou à penser que la pièce produite par le sieur Girerd émane du comité présidé par M. Rouher. » La suite de sa déposition, aussi longue que diffuse, n'était que la répétition de ce que tout le monde savait, c'est-à-dire, les visites faites en Angleterre à la famille impériale et le 15 août et à la majorité du prince. Il parla : « de l'organisation du comité central, du rayonnement du comité central, des menées ténébreuses du comité central, des distributions de photographies du prince impérial par le comité central.... » Enfin, la commission parlementaire dut cesser de fonctionner et se dissoudre, après avoir fait connaître la stérilité de ses travaux. Le résultat le plus clair c'est que, en poursuivant le comité de l'Appel au peuple, l'Assemblée avait paru s'occuper des affaires du pays. Cela produisait un excellent effet sur l'esprit des électeurs.

Après plusieurs années de luttes enfantines, de discussions puériles, l'Assemblée vota enfin une nouvelle constitution, le 25 février 1875. Depuis 1791, c'était la quatorzième constitution qui régissait la France. A l'avenir, le pouvoir législatif allait s'exercer par deux assemblées : la Chambre des députés et le Sénat. Le septennat venait de disparaître, et un nouveau ministère était constitué qui avait pour chef M. Buffet, remplacé à la présidence de l'Assemblée par M. d'Audiffret-Pasquier.

Dans le courant du mois d'octobre 1875, la Turquie déclara que le paiement et l'amortissement en espèces de ses coupons et de ses titres de rente seraient réduits de moitié. Peu après, elle fit banqueroute de l'autre moitié, dans une circulaire adressée aux représentants étrangers, la Sublime-Porte disait : « La Turquie a demandé à ses créanciers eux-mêmes, c'est-à-dire, à la classe la plus intéressée, les moyens de restaurer les finances de l'empire. »

La fin de l'année 1875 fut remplie par des débats sur le scrutin collectif et le scrutin individuel. On sait que le scrutin collectif est celui où l'électeur écrit sur son bulletin autant de noms qu'il y a de candidats à élire, et que le scrutin individuel est celui où il ne désigne qu'une seule personne. De ces deux modes de votation, lequel peut empêcher le candidat élu de trahir ses électeurs? En général, dans leurs décevantes professions de foi, les candidats à la députation promettent toujours d'être les fidèles serviteurs de la volonté de leurs mandants. Je ne parle ici bien entendu que des candidats qui se recouvrent d'une peau républicaine. Dès que par leurs pompeuses promesses ils ont surpris les suffrages des électeurs, ils trônent alors dans l'Assemblée en professant un froid dédain pour la matière électorale : adieu les professions de foi, adieu les programmes. Ces industriels parlementaires affirment hardiment qu'ils

16.

n'obéissent qu'à leur conscience. Ils votent des budgets fantastiques, rendent tout obligatoire au nom de la liberté, ruinent la nation, et dévorent tranquillement la substance des contribuables, à qui ils disent avec une majesté imperturbable : « Vous êtes le peuple souverain, vous gouvernez la France avec votre bulletin de vote. »

Quoi qu'il en soit, le scrutin individuel fut adopté. Le 9 décembre 1875 s'ouvrit le scrutin pour l'élection des 75 sénateurs inamovibles qui, en vertu de la nouvelle constitution, devaient être nommés par l'Assemblée nationale. Le 30 décembre 1875, l'Assemblée nationale, pressée de toutes parts, poussée par la clameur publique à mettre un terme à son usurpation, dut se résigner à prononcer sa dissolution. Mais avant, elle fixa l'élection des sénateurs au 30 janvier, celle des députés au 20 février, et la réunion des deux nouvelles Chambres au 8 mars 1876.

De l'autre côté des Pyrénées de graves événements s'étaient accomplis depuis l'affaire Hohenzollern qui précipita la France dans un abîme de maux : l'Espagne bouleversée dans le Nord par les carlistes, dans le Sud par les intransigeants, qui après plusieurs défaites s'étaient retranchés sous les murs de Carthagène, l'Espagne se trouvait épuisée par les déchirements de la guerre civile. Acclamée en 1868 comme œuvre d'affranchissement et début d'une rénovation sociale, la révolution, comme il arrive toujours n'avait tourné qu'au profit des jouisseurs et des intrigants. Le 30 décembre 1874, le général Martinez Campos fait, par l'armée du Nord, proclamer le fils d'Isabelle roi d'Espagne sous le nom d'Alphonse XII, et le général Primo de Rivera faisait de même à Madrid avec les troupes placées sous ses ordres. Le gouvernement républicain, qui avait trompé le peuple par ses mensonges et ses impostures, qui avait pressuré, ruiné, avili la nation espagnole, disparut de la scène politique avec une rapidité surprenante. Six ans auparavant le peuple espagnol s'était réjoui à la vue du renversement de la royauté, mais maintenant, complètement désabusé il redemandait un roi.

De l'Angleterre qu'il habitait, le jeune prince se rendit à Madrid où il fut reçu au milieu des acclamations du peuple, maudissant le souvenir de la révolution de 1868, qui n'avait été qu'une cruelle déception. Après la défaite de don Carlos, c'est-à-dire après l'entière pacification de l'Espagne, le roi Alphonse XII ne voulut pas qu'on exerçât de représailles contre les vaincus.

Le 8 mars 1876, la Chambre et le Sénat se réunirent à Versailles. M. d'Audiffret Pasquier fut élu président du Sénat, et M. Grévy président de l'Assemblée. Deux jours après, un nouveau ministère fut constitué, et parmi les membres qui le composaient se trouvait M. Amable Ricard, qui n'était ni sénateur ni député! Cet homme, qui avait exercé la profession d'avocat sous l'Empire fut, dans les Deux-Sèvres, élu député à l'Assemblée nationale, mais aux élections générales du 20 février 1876, les électeurs refusèrent de lui renouveler son mandat. Il en conçut une haine profonde qu'il fit éclater avec une extrême violence en se montrant hostile à toute espèce d'amnistie. En effet, il monte à la tribune les yeux enflammés de colère, et s'écrie d'une voix saccadée : « Messieurs, le gouvernement repousse les propositions d'amnistie qui viennent d'être déposées à cette tribune, il les combattra toutes énergiquement, qu'il s'agisse de propositions d'amnistie générale ou de propositions d'amnistie par catégorie... »

Le 11 mai 1876, M. Amable Ricard exhalait son dernier souffle sans avoir jamais rendu aucun service à la patrie, mais après avoir appliqué toutes ses facultés à l'agrandissement de sa propre fortune. Cependant, quelques-uns de ses amis parvinrent à arracher aux défaillances de la Chambre un vote qui obligeait les contribuables à payer six mille francs par an à la veuve de M. Amable Ricard.

La discussion sur l'amnistie s'ouvrit dans le courant de mai 1876. M. Georges Perin fit connaître à l'Assemblée les mauvais traitements que les condamnés politiques subissaient au bagne : privation de nourriture, accouplement à la chaîne, pendaison par les pieds, bastonnade et poucettes. Le récit de ces horreurs souleva l'indignation publique ; cependant la proposition d'amnistie fut rejetée.

De tous côtés circulaient des pétitions demandant le rétablissement du pouvoir temporel du pape, et les évêques dans leurs mandements sollicitaient l'intervention du gouvernement français en faveur du Vatican. Celui de Nevers, après avoir envoyé la copie de son mandement aux maires de son diocèse, adressa au maréchal de Mac-Mahon une lettre dans laquelle il disait : « La meilleure mesure à prendre est de déclarer nettement, dès ce moment, que vous n'acceptez aucune solidarité avec la révolution italienne, et que vous dégagez autant qu'il dépend de vous la France de Charlemagne et de saint Louis de toute connivence avec cette révolution qu'ils ne reconnaissent pas pour fille... Vous aurez ainsi renoué la chaîne des anciennes traditions de notre France et repris votre place de fils aîné de l'Eglise. » Le maréchal lui répondit : « Parfaitement résolu à maintenir les bonnes relations qui m'unissent au roi d'Italie, je ne puis que désapprouver la manifestation à laquelle vous avez cru devoir vous livrer. »

Le 16 mai 1877, le maréchal de Mac-Mahon congédiait M. Jules Simon, et le lendemain on lisait dans le *Journal officiel* les noms des nouveaux ministres : M. le duc de Broglie, président du conseil et ministre de la justice; — M. de Fourtou, de l'intérieur; — M. Caillaux, des finances; — M. Brunet, de l'instruction publique; — M. Paris, des travaux publics; — M. le vicomte de Meaux, du commerce; — M. le duc Decazes, des affaires étrangères; — le général Berthaut, de la guerre; et quelques jours après, le vice-amiral Ghiquet des Touches fut nommé ministre de la marine.

Usant du droit qu'il tenait de la constitution, le maréchal de Mac-Mahon prorogea les Chambres pour un mois, 363 députés adressèrent aux électeurs un manifeste où il était dit: « ...La France veut la République... tout ce qui a été péniblement gagné depuis six ans est remis brusquement en question. »

Le nouveau cabinet se mit résolument à l'œuvre. Il écarta des emplois publics les fonctionnaires dont le dévouement lui était suspect, et fit diriger des poursuites contre les propagateurs de fausses nouvelles. Des cafés, des cercles, des lieux de réunion furent fermés sous prétexte qu'on y tenait des propos séditieux. Pour refouler la plainte, c'était l'amende ; pour étouffer le murmure, c'était la prison.

Dès la rentrée de la Chambre, M. Bourgeois déposait sur le bureau de l'Assemblée la proposition suivante : « La cour des comptes ayant constaté un déficit considérable qui n'a pu encore être retrouvé dans les comptes du gouvernement du 4 Septembre, je demande que cette question soit jugée par la Chambre avant sa séparation. »

Cette proposition ne fut pas alors discutée, parce que le maréchal de Mac-Mahon, après avoir, conformément à l'article 5 de la loi sur les pouvoirs publics, obtenu l'assentiment du Sénat, signa le 25 juin 1877 le décret de dissolution de l'Assemblée. Les collèges électoraux devaient être convoqués pour de nouvelles élections dans le délai de trois mois. La Chambre de février 1876 se sépara avant l'expiration légale de son mandat, c'est-à-dire après une législature de seize mois.

Dans la soirée du 3 septembre 1877, M. Thiers, atteint d'une congestion cérébrale, mourait subitement à Saint-Germain-en-Laye. Bien que les électeurs du IX⁰ arrondissement de Paris l'eussent envoyé à l'Assemblée, il était mécontent, il regrettait amèrement le pouvoir qu'il avait perdu, et dans l'espérance de le ressaisir, il disait fréquemment aux députés : « Faites-moi revenir à la présidence, et je vous assure que vous obtiendrez l'amnistie. Ce serait de la barbarie que de tenir plus longtemps ces gens en prison ou en exil. »

La mort de cet homme ne laissa pas de regrets. Il y parut bien lorsque peu d'années après, sur une des places de Saint-Germain-en-Laye, lui fut érigée une statue à l'inauguration de laquelle d'ailleurs le gouvernement ne se fit point représenter. On n'y vit que les pompiers des villages voisins, peu de curieux, et quelques amis de Thiers, parmi lesquels le vieil académicien Mignet essayant d'une voix chevrotante de balbutier un discours interrompu par M. Olivier Pain, qui du doigt désignant la statue s'écria : « Au nom des quarante mille fusillés dans Paris en 1871, je proteste contre l'érection de la statue du massacreur. » A ces mots, c'en est fait, tout le monde se retire avec précipitation ; quelques minutes après, la place était déserte.

Fils d'un pauvre ouvrier du port de Marseille, M. Thiers ne considéra toujours le peuple que comme une matière propre aux expérimentations des hommes d'État. En 1830, pour renverser le gouvernement de Charles X, il signe la protestation des journalistes contre les ordonnances, et tandis que le peuple qu'il a poussé à la révolte, va se faire décimer aux barricades, lui, M. Thiers, se mettant à l'abri du danger, court se cacher chez Mme de Courchamp, dans la vallée de Montmorency. Après que les efforts populaires eurent amené la chute de Charles X, M. Thiers se présenta pour recueillir le fruit de la victoire. Et la foule gémissante des pauvres et des déshérités, la foule qui porte constamment le poids du jour, la foule qui servit de piédestal à cet ambitieux sans cœur, il osa l'appeler la *vile multitude*, paroles impies qu'il prononça à la tribune de l'Assemblée législative lors de la discussion de la loi du 31 mai 1850.

Esprit rétrograde, il combattit vivement l'établissement des chemins de fer qu'il regardait comme une cause de ruine. Révolutionnaire dans l'opposition, tyran féroce au pouvoir, il ne songea toujours qu'à s'enrichir. Sa mémoire sera toujours justement maudite par les milliers de familles qu'il a plongées dans le deuil. Transnonain et la Semaine sanglante de mai apparaîtront toujours en lettres de sang sur le monument qui, au Père-Lachaise, renferme sa dépouille.

CHAPITRE XIII

Le *Bulletin des communes* et les 363. — Condamnation de M. Gambetta à 2,000 francs d'amende et à trois mois d'emprisonnement. — M. Albert Grévy. — Les tribunaux, par ordre du ministère de la justice, condamnent des milliers de personnes. — Les juges sont déclarés indignes et les condamnations par eux prononcées mises à néant par le pouvoir législatif. — Le traité de San Stefano. — Démission du maréchal de Mac-Mahon. — M. Jules Grévy, président de la République. — La grâce amnistiarde.—Rapport de M. Andrieux. — Réponse des proscrits. — Projet de résolution par M. Rameau contre les ministres du 16 mai et du 23 novembre. — Protestation des ministres. — Mort du prince Louis-Napoléon. Retour des amnistiés. — Discours de M. Humbert. — Amnistie pleine et entière. — Discours pédantesque et extravagant de M. Cazot, pour démontrer la légalité des décrets du 29 mars. — Indemnité accordée aux victimes du coup d'État de 1851. — Langage tenu par M. Gambetta à ses électeurs de Belleville. — Le Bey de Tunis. — Ministère Gambetta. — Les Anglais occupent militairement l'Égypte. — Mort de M. Gambetta.

Le *Bulletin des communes*, organe officiel du ministère de l'intérieur, était aux termes de la loi destiné à être affiché dans toutes les communes, à la réserve toutefois des chefs-lieux de canton. Plusieurs des 363 députés de la Chambre dissoute se croyant diffamés par cette feuille gouvernementale, portèrent leurs plaintes devant les tribunaux qui se déclarèrent incompétents.

De leur côté, les 363 s'agitaient, voyageaient, péroraient et s'imposaient en quelque sorte, au choix des électeurs. Leur chef, M. Gambetta, fut condamné à 2,000 francs d'amende et à trois mois de prison pour s'être rendu coupable de double délit d'offense envers la personne du président de la République et d'outrages aux ministres, dans un discours où il parla de *bave et d'ordure*, de se soumettre ou de se démettre. Au moyen d'exceptions dilatoires, il eut le temps de se faire élire député avant que sa condamnation fût définitive, et il se trouva de la sorte couvert par l'immunité parlementaire.

Les élections générales eurent lieu le 14 octobre 1877, et le scrutin de ballottage le 28 du même mois. La plupart des 363 revinrent à la Chambre.

Dans une des premières séances, M. Albert Grévy demanda et obtint qu'une commission fût chargée de faire une enquête parlementaire sur les actes qui avaient eu pour but d'exercer sur les élections une pression illégale. Le 23 novembre 1877, un nouveau cabinet était formé dont les membres ne faisaient point partie du Parlement. La Chambre refusa d'entrer en rapport avec ce ministère, attendu qu'elle voyait dans la constitution de ce cabinet la négation des principes parlementaires.

Le 14 décembre 1877, le maréchal de Mac-Mahon se vit contraint de choisir ses ministres parmi les adversaires du cabinet de Broglie, et de mettre à leur tête M. Dufaure.

Dans l'espace de sept mois, c'est-à-dire du 16 mai au 14 décembre 1877, les tribunaux obéissant aux ordres du ministère, condamnèrent 3,250 personnes pour délits de presse, délits de paroles, en d'autres termes, pour mauvaise attitude envers le gouvernement. Les nouveaux ministres demandèrent l'amnistie, qui fut d'ailleurs facilement accordée pour les crimes, délits et contraventions commis pendant cette courte période par la voie de la parole, de la presse ou par tout autre moyen de publication, comme pour toutes les infractions à la loi de 1868 sur les réunions publiques. Les anciens ministres déclarèrent que cette mesure porterait atteinte à l'indépendance et à l'équité de la magistrature. A cela, les nouveaux ministres répondirent que les juges en prononçant toutes ces condamnations avaient commis une indignité dont l'odieux souvenir ne pouvait s'effacer que par l'amnistie.

Depuis longtemps l'Orient retentissait du bruit des armes. La Turquie, écrasée par les troupes russes, appelait de tous ses vœux l'intervention de l'Europe. Le gouvernement moscovite avait imposé à la Turquie un traité qui fut signé à San-Stefano, village situé à peu de distance de Constantinople. Mais le cabinet de Saint-James, surveillant avec un soin jaloux ses possessions dans l'Inde, directement menacées par la puissance formidable de la Russie que les stipulations de ce dernier traité venaient encore d'accroître, faisait des préparatifs de guerre. Pour écarter momentanément toute cause de conflit, la Russie accepta que le traité de San-Stefano fût soumis à la revision d'un congrès européen qui, le 13 juin 1878, tint sa première séance à Berlin. Un mois après, les plénipotentiaires parvinrent à se mettre d'accord, et le traité de Berlin procura la paix à l'Europe.

Le maréchal de Mac-Mahon ne put s'entendre avec son ministère pour ce qui concernait l'application de la loi de 1873 relative aux grands commandements, loi qui prescrivait de changer tous les trois ans les commandants de corps d'armée. Contrairement à cette disposition formelle de la loi, dix généraux étaient placés à la tête des mêmes corps d'armée depuis plus de trois ans, et néanmoins le président de la République refusait de signer leur mise en disponibilité. Il préféra descendre du pouvoir. En effet, à la date du 30 janvier 1879, le maréchal de

Mac-Mahon adressa aux présidents de la Chambre et du Sénat une lettre par laquelle il donnait sa démission de président de la République.

Aux termes de la constitution, les deux Chambres furent immédiatement réunies en congrès, et le même jour, M. Grévy, président de la Chambre des députés, fut élevé pour sept ans à la suprême magistrature de la République, et M. Gambetta le remplaça à la présidence de l'Assemblée.

M. Waddington fut chargé de procéder à la formation d'un nouveau cabinet devant résoudre deux questions ayant un caractère purement politique : celle de l'amnistie et celle de la mise en accusation des ministres du 16 mai et de ceux du 23 novembre 1877.

Un projet de loi sur l'amnistie fut déposé par le gouvernement et adopté par les Chambres. Ce projet essentiellement antijuridique portait que ceux qui obtiendraient leur grâce dans le délai de trois mois à partir de la promulgation de la loi dite grâce *amnistiarde*, seraient amnistiés.

M. Louis Andrieux fut chargé de faire un rapport sur ce projet. Avocat au barreau de Lyon, M. Andrieux était en prison lors de la révolution du 4 Septembre 1870; ce jour-là même il fut délivré par le peuple, puis nommé procureur de la République par le gouvernement insurrectionnel. Dans son rapport, ce député affirma que la plupart des hommes qui avaient pris part au soulèvement de Paris avaient été autrefois condamnés pour vols, escroquerie, attentats aux mœurs, vagabondage et rupture de ban. Il ajouta : « Jamais il ne se trouvera une Chambre française pour voter l'amnistie pleine et entière... Non, ces hommes doivent rester à la Nouvelle-Calédonie, si on ne veut pas être obligé de les y renvoyer... »

De leur côté, les proscrits exclus de l'amnistie répondirent : « Dans la discussion de la loi d'amnistie, des bouches officielles, mêlant ensemble l'outrage et l'iniquité, déclaraient qu'il ne resterait plus en exil, la loi votée, que des voleurs et des assassins. Ceux qui trompaient ainsi l'opinion publique savent pertinemment qu'il n'est pas un seul proscrit auquel ces épithètes puissent être appliquées. Les assassins et les voleurs ne sont pas dans nos rangs. Sans s'attarder à la discussion d'événements qui relèvent de l'imprescriptible avenir et que l'histoire seule saura juger avec vérité et justice, les proscrits estiment qu'il y a lieu de préciser la situation actuelle et de laisser la conscience publique juge entre eux et leurs proscripteurs. Il ne leur appartient pas, à coup sûr, de discuter, ni dans le fond, ni dans la forme, la loi dite d'amnistie votée par les Chambres, et que la phraséologie parlementaire a décorée du nom d'amnistie gracieuse. »

L'accusation contre les ministres fut repoussée par la Chambre qui adopta néanmoins un projet de résolution formulé par M. Rameau et qui était conçu en ces termes : « La Chambre des députés constate que les ministres du 16 mai et du 23 novembre ont trahi le gouvernement qu'ils servaient, foulé aux pieds les lois et les libertés publiques... la Chambre livre au jugement de la conscience nationale, qui les a déjà solennellement réprouvés, les desseins et les actes criminels des ministres du 16 mai et du 23 novembre 1877, et invite le ministre de l'intérieur à faire afficher la présente résolution dans toutes les communes de France. »

Les ministres incriminés protestèrent ainsi : « ... La Chambre a reconnu l'inanité des griefs allégués contre nous. Elle a solennellement déclaré qu'aucune poursuite ne serait dirigée contre nous. Ah! vous livrez les actes des anciens ministres au jugement de la conscience nationale. Eh bien! nous aussi, nous livrons votre déclaration au jugement de la conscience nationale, et nous aurons pour nous tous les amis du droit et de la justice... »

A la vue de cette chasse aux portefeuilles, en présence de ces luttes ayant pour théâtre l'arène parlementaire et dont le prix était un ministère, que pouvait faire le jugement de la conscience nationale invoqué par les deux partis ? Comme toujours, les ministres vaincus avaient cédé, non sans amertume, leurs places royalement rétribuées aux ministres vainqueurs.

Le 18 juin 1879, les députés et les sénateurs se réunirent en assemblée nationale pour abroger l'article 9 de la loi constitutionnelle, et fixer à Paris le siège du pouvoir exécutif et des deux Chambres.

Deux jours après, on apprend que le jeune prince Louis-Napoléon, faisant campagne avec les troupes anglaises dans l'Afrique australe, avait été par le lieutenant Carrey lâchement abandonné au milieu des Zoulous qui le surprirent et le massacrèrent. Cette mort aussi cruelle qu'elle était imprévue, jeta la consternation dans le parti bonapartiste.

Au commencement du mois de septembre 1879, quelques amnistiés abordaient enfin sur les côtes de France. Ils avaient le visage amaigri, la peau noire, plusieurs n'étaient que des cadavres ambulants. Leur présence seule, témoignage irrécusable des maux qu'ils avaient soufferts, dénonçait la barbarie de leurs bourreaux. Dès son arrivée à Paris, l'un d'eux fut admis à l'hôpital de la Pitié où la mort vint promptement le saisir. M. Alphonse Humbert, qui revenait du bagne calédonien, prononça

17.

quelques paroles émues sur la tombe de cet infortuné : « ...... Je ne puis quitter cet honnête homme, dit-il, dont j'ai partagé les tortures, sans lui adresser un adieu suprême et solennel. Cette tâche s'impose à moi ; ensemble nous avons lutté, ensemble nous avons subi les mêmes outrages, supporté les mêmes souffrances ; ensemble nous avons vécu chaîne contre chaîne, cœur contre cœur ; et il terminait en demandant l'amnistie plénière. »

Dans son discours, M. Humbert ne parla pas, dit-on, avec déférence des individus qui rendirent la justice au Châtelet, au Luxembourg, dans les conseils de guerre, et dans les autres lieux de condamnation.

Voyons comment en parlaient ceux qui, comme M. Humbert, n'étaient pas aigris par un séjour de huit ans au bagne.

Dans la séance du 8 octobre 1878, M. de Bismarck répondant au député de Francfort, M. Sonnemann, disait : « M. Sonnemann ne peut pourtant pas ignorer que tous les communards ont été jugés par des conseils de guerre, et qu'ils ont été *fusillés* et *déportés au pied levé*, avec ce manque de scrupule dont aucune autre nation que les Français n'est en état de faire preuve. »

Un grand journal de l'aristocratie anglaise, le *Times*, apprenant la condamnation à mort du journaliste Maroteau écrivait : « Les Français retournent à la barbarie, les jugements rendus en ce moment ne sont que des *actes de vengeance*. »

M. Dufaure, ministre de la justice, et M. d'Audiffret-Pasquier, président du Sénat, saisissaient toutes les occasions pour déverser les plus grossières injures sur les membres des commissions mixtes, et cependant la Cour de cassation a déclaré par un arrêt que l'œuvre de ces commissions était aussi légale, aussi pure que celle des tribunaux qui fonctionnèrent à l'occasion des événements de 1871.

Que pouvait-on reprocher à M. Humbert, qui avait dans cette circonstance montré beaucoup plus de modération que les Dufaure et les d'Audiffret-Pasquier? Il n'en fut pas moins traduit devant le tribunal de police correctionnel pour outrages aux magistrats du Châtelet, du Luxembourg et autres tribunaux. Dans un langage élevé et plein d'une vive émotion, il fit, devant ses juges, frappés de stupeur, le récit des horribles tortures auxquelles les condamnés politiques avaient été soumis : « .... Pour des articles de journaux, s'écrie-t-il, la justice de 1871 m'a jeté au bagne. Personne ne sait ici ce que c'est que le bagne. Moi je l'ai vu, et j'en puis parler. C'est un lieu où l'on pend des hommes par les pieds, la tête en bas. — Et quand ils sont dans cette position, on les bâtonne....... Là, il se passe des scènes épouvantables. Un jour, des hommes *soupçonnés* de vol ont été couchés sur le banc et fouettés à coups de martinet, et après chaque coup, on brûlait avec un fer rouge la blessure. Là il y a des instruments, qui servent à faire avouer les prévenus récalcitrants. On les appelle des poucettes. Le pouce introduit, on fait mouvoir une vis de pression qui déplace une tige, la tige monte et serre, elle serre jusqu'à ce que le doigt tombe. Et quand un doigt est coupé, on passe à l'autre....... »

M. Humbert fut condamné à six mois de prison et deux mille francs d'amende.

Dans le courant du mois de décembre 1879, le cabinet Waddington fit place au ministère Freycinet.

Vers la fin de janvier 1880, une proposition d'amnistie plénière fut déposée sur le bureau de l'Assemblée, M. de Freycinet la combattit en ces termes : « On invoque, dit-il, en faveur de l'amnistie, le sentiment de l'humanité; on dit qu'il est temps de mettre fin à des infortunes qui durent déjà depuis dix ans. Vous me permettez, messieurs, de passer très rapidement sur la raison d'humanité....... L'amnistie ne sera plus dangereuse pour la République et le moment sera venu de réaliser cette mesure après que nous aurons construit nos chemins de fer, creusé nos ports, bâti nos écoles, instruit le peuple, amélioré nos tarifs de douane, dégrevé nos impôts. »

La proposition d'amnistie fut rejetée.

Mais quatre mois après, par un soudain revirement, le même M. de Freycinet demande à la Chambre de voter l'amnistie pleine et entière : «...... Nous vous demandons, disait-il aux députés, de compléter l'œuvre que vous avez déjà accomplie aux trois quarts et qui ne saurait indéfiniment demeurer inachevée... » L'amnistie pleine et entière fut votée pour tous les condamnés politiques depuis 1870 jusqu'au 19 juin 1880.

Pour paraître se livrer à quelques travaux parlementaires, les Chambres et les ministres avaient fait traîner en longueur la question d'amnistie qui se trouvait enfin résolue. Il fallait alors qu'ils se créassent d'autres occupations. A cet effet, on livra bataille aux communautés religieuses, et l'exécution des décrets du 29 mars 1880 allait occuper les esprits.

Reprenons les choses d'un peu plus haut. Au mois de juin de l'année précédente la Chambre avait été appelée à discuter le projet de loi de M. Ferry sur l'enseignement supérieur. L'article 1er de son projet portait : « Les examens et épreuves pratiques qui déterminent la collation des grades ne peuvent être subis que devant les établissements d'enseignement supérieur de l'État »; et l'article 7 était ainsi conçu : « Nul n'est admis à participer à l'enseignement public ou libre, ni à diriger un établissement d'enseignement de quelque ordre que ce soit, s'il appartient à une congrégation religieuse non autorisée. »

Ce projet, dans son article 1ᵉʳ, restituait la collation des grades à l'État en supprimant les jurys mixtes établis par la loi de 1875 sur la liberté de l'enseignement supérieur. Mais l'article 7 était, d'après M. Ferry, le plus important de la loi nouvelle.

Dans la discussion de cette loi, M. Jules Ferry parla des droits féodaux, des horreurs de l'inquisition, des calvinistes, de Henri IV, de la révocation de l'édit de Nantes, des principes de 1789, de la Révolution, de la Terreur, du Syllabus, des ministres du 16 Mai, puis, élevant la voix : « Il est urgent, dit-il, d'imposer silence à l'enseignement donné par les religieux, ayant pour but avoué de corrompre la jeunesse, dans ces maisons d'éducation religieuse où l'on enseigne que le citoyen Gambetta et les autres fous furieux de la Défense ont réalisé les hécatombes de 1870-1871. »

Cette loi fut votée par la Chambre, puis soumise aux délibérations du Sénat, qui en adopta l'ensemble moins l'article 7 qu'il rejeta.

A cette nouvelle, M. Ferry et ses collègues se livrent à des transports de colère contre le Sénat. Pour eux, le rejet de l'article 7 est un véritable désastre. En effet, comment vont-ils faire, quels moyens pourront-ils employer pour exclure de l'enseignement tous les membres des congrégations non autorisées ?

Le 29 mars 1880, ils font paraître deux décrets enjoignant à l'agrégation ou association non autorisée dite de Jésus de se dissoudre dans un délai de trois mois, et d'évacuer les établissements qu'elle occupe sur la surface du territoire de la République. Quant aux autres congrégations, elles avaient trois mois pour faire une demande d'autorisation, sinon elles encourraient l'application des lois en vigueur.

La légalité de ces décrets fut l'objet de nombreuses et vives controverses. De tous côtés des discussions interminables s'élevèrent sur le Concordat, les lois organiques et le décret de messidor an XII. Les évêques prononcèrent les plus terribles anathèmes contre les fabricateurs desdits décrets. Le ministre de la justice, M. Cazot, dans un discours pédantesque, extravagant, essaya de prouver à la Chambre la légalité des mesures prises par le gouvernement contre les religieux : « L'association, dit-il, augmente les forces de l'individu, tandis que la congrégation les anéantit. Ensuite il parla des dispositions de la loi des 13-19 février 1790. Il cita le texte de la loi de 1792. Il soutint que le Concordat et les lois organiques forment un tout indivisible. Il lut le texte du décret de messidor an XII : Oui, s'écria-t-il, sous l'empire du décret de messidor, il y avait des poursuites par la voie extraordinaire, et il pouvait y avoir des poursuites par la voie ordinaire, on n'a qu'à consulter l'ordonnance de 1670, les poursuites à l'extraordinaire et les poursuites à l'ordinaire, c'était absolument la même chose. Eh bien! messieurs, que veut-on prétendre? que le décret de messidor est frappé de caducité parce qu'il est dépourvu de sanction, alors que je trouve une double sanction, les poursuites à l'extraordinaire et les poursuites à l'ordinaire. »

La plupart des congrégations furent, à la date fixée par les décrets, attaquées vigoureusement par les agents du gouvernement qui opérèrent avec ensemble, avec une ardeur merveilleuse. On vit des fonctionnaires accompagnés de serruriers et d'hommes armés de merlins, donner l'ordre de crocheter ou d'enfoncer les portes des maisons religieuses d'où l'on faisait sortir des vieillards au nom de la liberté, de l'égalité et de la fraternité, pour les précipiter dans la rue. Les scellés étaient ensuite apposés sur les chapelles et sur les maisons d'habitation par les soins de l'autorité.

La Société positiviste de Paris protesta contre l'exécution des décrets. Elle disait : « ..... Considérant que les mesures prises actuellement contres les jésuites et autres corporations religieuses atteignent gravement la liberté,...... ces mesures sont en opposition formelle avec les principes toujours défendus par le parti républicain, et de pareilles contradictions entre les personnes et les actes déconsidèrent le gouvernement, démoralisent le pays et compromettent la cause républicaine..... »

Au commencement de l'année 1881, les Chambres votèrent une loi accordant une indemnité aux personnes qui avaient été frappées par les tribunaux à la suite des événements du 2 Décembre 1851. Il fut également question de saisir les biens des individus qui avaient siégé dans les tribunaux à l'occasion des événements de 1871 et d'en distribuer, à titre de dommages-intérêts, le prix de vente à leurs victimes. Cependant il ne fut pas alors donné suite à ce projet. Seules les victimes du 2 Décembre furent appelées à recevoir des pensions annuelles payées par les contribuables.

La Chambre élue le 14 octobre 1877 étant parvenue au terme de son mandat, les collèges électoraux furent convoqués pour le 21 août 1881. C'est alors que le prince Jérôme publia une lettre dans laquelle il disait :

« ...Ceux qui vous gouvernent aujourd'hui trompent le pays, ils exploitent les plus mauvais sentiments, ils ne voient que leurs intérêts personnels, *ils renient toutes leurs promesses*, ils méconnaissent tous leurs principes. »

Aux personnes qui lui reprochaient avec raison d'avoir capté les suffrages à l'aide de promesses mensongères et d'avoir foulé aux pieds le beau programme qui lui avait ouvert la carrière politique, M. Gambetta, dans une réunion qui eut lieu dans le 20e arrondissement de Paris, où il posait sa candidature, M. Gambetta répondit : « Silence aux braillards, silence aux gueulards, silence aux hurleurs. Vous n'êtes que des esclaves ivres; mais, allez, tas de salauds, je saurai vous trouver jusqu'au fond de vos repaires. »

M. Gambetta eut à peine prononcé ces paroles qu'il s'enfuit à toutes jambes par une porte dérobée.

Pour des tripotages que je n'ai pas à énumérer ici, pour satisfaire l'insatiable cupidité de quelques individus, des soldats français allaient périr loin de leur patrie.

La Société marseillaise avait acquis en Tunisie un vaste domaine connu sous le nom de l'Enfida, et de graves difficultés s'élevèrent à ce sujet entre les parties contractantes. Des Français, manieurs d'argent, demandèrent que le bey leur permit d'établir un Crédit foncier tunisien et de créer un chemin de fer.

Pour assouplir la volonté du bey de Tunis, les ministres déclarèrent que les tribus de notre frontière algérienne, connues sous le nom de Kroumirs, ayant fait des incursions sur le territoire de la province de Constantine, il fallait contre eux agir sans retard. A cet effet, sans que le gouvernement eût, conformément aux lois constitutionnelles, obtenu l'assentiment des représentants de la nation, le 24 avril 1881, des milliers d'hommes étaient rassemblés sur la frontière de la province de Constantine. Les soldats français n'eurent pas beaucoup à s'occuper des Kroumirs, prétexte de notre agression, mais le bey de Tunis, dont les États furent envahis, dut signer le traité de Kasar-Saïd, qui établissait sur la Régence le protectorat français.

Le 28 octobre 1881 eut lieu la rentrée des Chambres. Le 14 novembre suivant le ministère Ferry faisait place au cabinet Gambetta, et et M. Brisson prenait la présidence de la Chambre des députés. Dès son arrivée au pouvoir, M. Gambetta confia les plus hautes fonctions aux ennemis de la République, parce que, disait-il, les républicains ne sont que des braillards. M. Gambetta ne fit que batailler sur le scrutin collectif qu'il préférait au scrutin individuel. Enfin, le 26 janvier 1882, il dut se retirer devant l'hostilité de la Chambre. Ministre pendant soixante-douze jours, il remplit cette courte période par des splendides festins qu'il donna au ministère des affaires étrangères.

A la suite d'événements survenus en Égypte, les gouvernements de France et d'Angleterre décidèrent l'envoi d'une escadre à Alexandrie. Mais la Porte s'élevant avec énergie contre cette mesure, déclare que si les gouvernements de la République et de la Grande-Bretagne n'ont principalement en vue que la protection des intérêts nationaux français et anglais, du moment où l'Égypte fait essentiellement partie intégrante de l'empire ottoman, c'est à ce dernier seul que le droit des gens et tous les principes internationaux imposent le devoir de veiller au fonctionnement régulier de l'administration en Égypte.

Le 11 juin 1882, à la suite d'une rixe entre Maltais, Grecs et Arabes, un grand nombre d'Européens furent massacrés dont quatre Français, puis les consuls d'Angleterre et de Grèce, le vice-consul et le chancelier du consulat d'Italie.

En prévision d'une action de la flotte anglaise, le gouvernement français donna l'ordre à l'escadre française de quitter Alexandrie au premier coup de canon. Ce qu'elle fit le 10 juillet 1882. Le lendemain la flotte anglaise ouvrit le feu sur la ville tant pour tirer vengeance des massacres du 11 juin que pour châtier le gouvernement égyptien qui avait refusé de livrer les forts à l'armée britannique pour les faire désarmer. Peu après, l'Egypte fut occupée militairement par les Anglais.

A la fin de l'année 1882, M. Gambetta mourut dans sa maison de campagne de Ville-d'Avray. Cet homme cessait de vivre au moment même où il allait tomber dans l'oubli. Quelle vie agitée que la sienne ! Rebuté par l'Empire qui lui refusa le modeste emploi de substitut, il tourna alors ses vues du côté du peuple, qu'il éblouit dans les réunions publiques par l'éclat formidable de sa voix, par ses gestes expressifs comme par la violence de ses paroles. Droits primordiaux, patrie, liberté, égalité, haine de l'Empire, terre de Chanaan pour les prolétaires, tels étaient les mots qui servaient de base à ses discours furibonds.

Comblé de richesses et d'honneurs, unique objet de ses ardentes convoitises, il oublia et ses promesses et ses serments pour se livrer aux plaisirs de la table, pour jouir frénétiquement du présent avec de joyeux compagnons. Devenu énorme, ne pouvant se mouvoir qu'avec une extrême difficulté, il rendit enfin le dernier soupir à l'âge de quarante-quatre ans.

10 Février 46

www.ingramcontent.com/pod-product-compliance
Lightning Source LLC
Chambersburg PA
CBHW070628160426
43194CB00009B/1399